신기한 크로스 섹션
INCREDIBLE EXPLOSIONS
지구의 신기한 사물과 장소를 본다

신기한 크로스 섹션
INCREDIBLE EXPLOSIONS
지구의 신기한 사물과 장소를 본다

스티븐 비스티 그림 | 리처드 플라트 글 | 권루시안 옮김

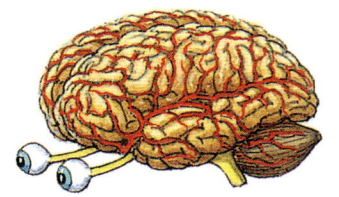

신기한 크로스 섹션

Incredible Explosions

First published in 1996
by Dorling Kindersley Limited,
80 Strand, London, WC2R 0RL

Original Title : Incredible Explosions
Copyright © 1996 Dorling Kindersley Limited, London
A Penguin Random House Company

All rights reserved.
Korean translation copyright
© 2017 Jinsun Publishing Co., Ltd.
The Korean language edition is published
by arrangement with
Dorling Kindersley Limited, London

이 책의 한국어판 저작권은
Dorling Kindersley Limited, London과
독점 계약한 진선출판사(주)에 있습니다.
신저작권법에 의해 한국 내에서 보호를 받는 저작물이므로
무단 전재와 무단 복제를 금합니다.

A WORLD OF IDEAS : SEE ALL THERE IS TO KNOW
www.dk.com

지구인 여러분 안녕하세요!

제가 타고 온 우주선의 원자 엔진과 시간 조정기가 고장 났어요. 그래서 여러분이 사는 행성에 착륙하려는데 계속 엉뚱한 시간대의 엉뚱한 장소에 떨어지네요. 저로서는 참 답답한 노릇이지만, 지구인을 만나기에는 아주 좋은 방법이군요. 여러분은 다들 절 반갑게 맞아 주었어요. 화가 스티븐 비스티가 제 우주선이 자기 집 근처에 떨어졌을 때 저를 도와 우주선을 고쳐 주었어요. 제가 그동안 가 본 곳을 전부 이야기해 주니까 스티븐이 그걸 그림으로 그려 주었어요. 지구에 다녀온 기념으로요. 아마 여러분도 이 책 속의 그림을 보고 착륙한 곳의 어디에 제가 있는지 찾아낼 수 있을 거예요.

차 례

증기 견인차
6

불이야!
8

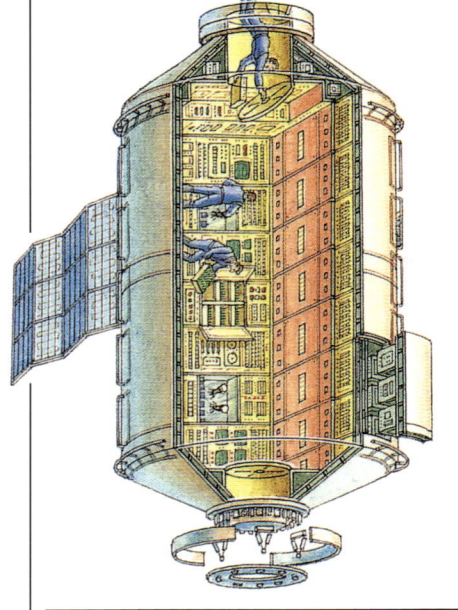

우주 정거장
10

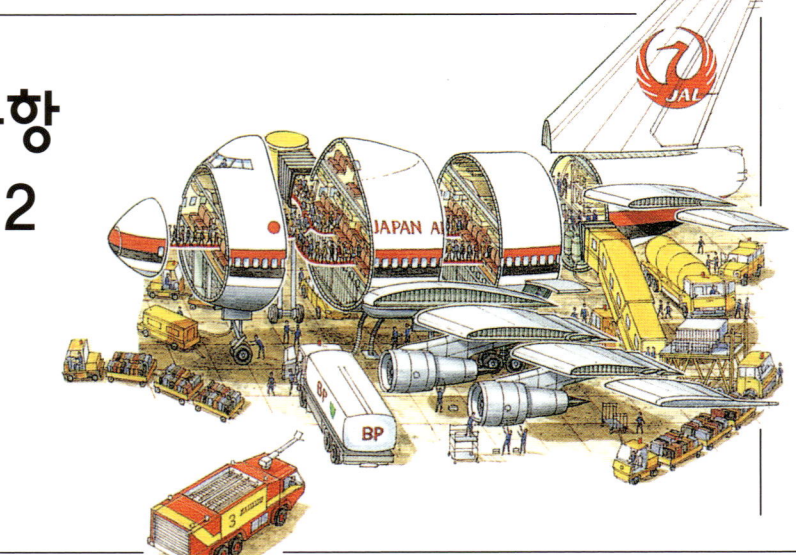

공항
12

풍차 방앗간 14

도시 16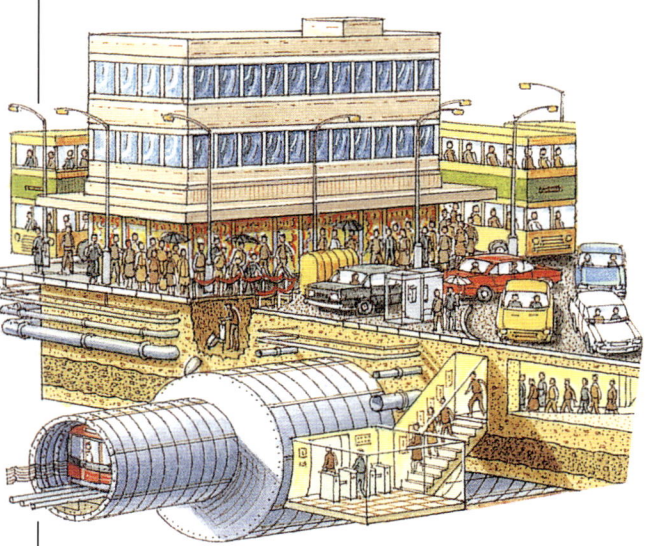

남극 기지 20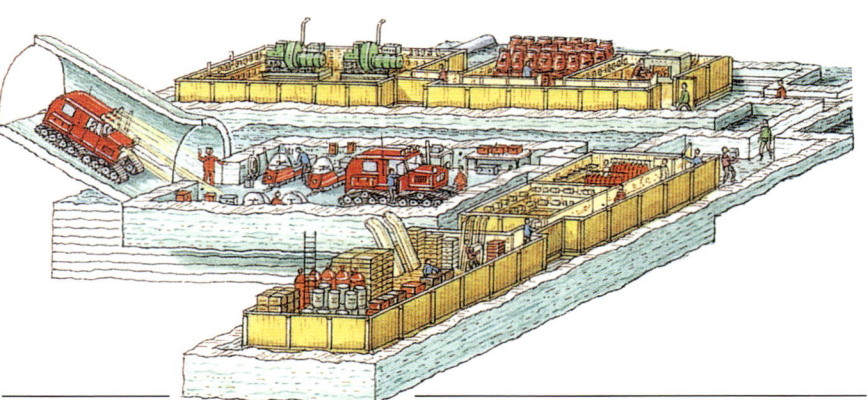

영화 촬영장 22

베네치아 24

타워 브리지 26

인체 28

그랜드 캐니언 30

찾아보기 32

증기 견인차

쉭쉭, 칙칙, 철컹철컹, 털털, 땅을 울리며 움직이는 증기 견인차는 기계 세계의 공룡이라 할 수 있다. 이제는 거의 멸종했지만 한때는 최첨단의 힘이었다. 증기 견인차는 1860년 무렵 처음 등장했다. 처음에는 이삭에서 낟알을 떨어내는 탈곡기같이 고정된 농기계를 구동했다. 나중에 나온 견인차는 쟁기나 무거운 짐마차를 끌거나 놀이 공원의 놀이 기구를 움직이기도 했다. 한동안 증기 기관은 노동력을 아낄 수 있는 밝은 미래의 표상이었다. 하지만 증기 견인차의 위세는 오래 가지 못했다. 20세기 초에 이르러 전기 모터와 내연 기관이 등장하면서 증기 견인차가 하던 갖가지 일을 도맡아 하게 된 것이다. 연기를 콸콸 내뿜던 거대한 증기 견인차는 얼마 가지 않아 고철 수집장이나 박물관으로 마지막 여행길을 떠나기 시작했다.

벨트를 걸어서
견인차의 플라이휠에 가죽 벨트를 둘러 연결하면 탈곡기나 동력톱 같은 기계를 구동할 수 있었다. 가을과 겨울 동안에는 탈곡기를 돌리고 나머지 계절에는 동력톱을 돌리는 경우가 많았다.

물은 강제로
보일러가 증기 압력을 받고 있기 때문에 분사 장치를 사용해 물을 강제로 주입해야 했다. 증기 기관이 매끄럽게 돌아갈 때에는 물 주전자가 끓으면서 나는 휘파람처럼 노래하는 소리가 나직이 들리는 때가 많았다. 분사 장치가 보일러 안으로 물줄기를 뿜는 소리였다.

운전
견인차는 모두 자력으로 이동했지만, 초기의 견인차는 말이 있어야 방향을 조종할 수 있었다. 견인차의 두 끌채 사이에 말을 묶어 끌었는데, 말은 그다지 힘들여 끌지 않아도 되었다.

증기 만들기
증기를 만드는 열은 화실에서 석탄을 태워 얻었다. 뜨거운 공기를 충분히 만들기 위해 화부가 화실에 석탄을 꾸준히 넣었다. 화실에서 만들어진 뜨거운 공기는 보일러 속의 관을 지나면서 보일러의 물을 끓여 증기를 만든다. 보일러 속의 관을 지나온 공기는 연실로 들어간다. 남은 열과 불똥은 연실에 달린 굴뚝을 타고 밖으로 뿜어 나온다.

증기는 무슨 일을 할까?
보일러에서 생겨난 증기는 원통을 타고 올라가 밸브함 안으로 들어간다. 밸브함 안에 있는 미끄럼 밸브의 작용으로 증기가 실린더 안으로 분출되면서 피스톤을 앞으로 민다. 그러고 나면 미끄럼 밸브가 반대쪽으로 움직여, 증기가 피스톤의 앞쪽으로 분출되면서 피스톤을 뒤로 민다. 피스톤이 이렇게 앞뒤로 번갈아 밀리면서 연결 막대를 밀고 당겨 크랭크축을 회전시킨다. 크랭크축이 회전하면서 플라이휠이 돌아간다.

조정기
조정기는 엔진의 속도를 조절하는 장치였다. 공 모양의 금속 추 두 개가 회전하면서 밸브를 열고 닫는 식으로 작동했다. 추가 아주 빨리 회전하면 원심력 때문에 바깥으로 밀려 나가고, 그러면 밸브가 열려 증기가 빠져나가면서 엔진의 속도가 줄어든다.

조향통과 사슬
증기 견인차에서 방향 조종은 쉽지 않았다. 네 개의 바퀴 사이에 '조향통'이라는 커다란 원통이 달려 있는데 여기에 연결된 무거운 사슬을 움직여 방향을 조종했다. 운전자가 핸들을 돌리면 조향축이 돌면서 사슬을 당겨 바퀴의 방향을 틀었다.

물을 채운 외피
과열되면 보일러가 터질 수도 있다. 그래서 아래쪽에 개방되어 있는 화로 말고는 화실의 모든 부분에 물을 채운 외피를 둘렀다.

주요 부품: 안전밸브, 피스톤이 들어 있는 실린더, 조정기 함, 경적, 피스톤, 미끄럼 밸브, 연결 막대, 번호판, 굴뚝, 분출 밸브(증기를 굴뚝 위로 뿜는다), 배기관, 밸브함, 연실, 연실 문 잠금쇠, 연실 문, 물 분사 장치, 강철 보일러, 현가장치 스프링, 조향 사슬, 보일러 관에서 물을 끓인다, 조향축, 웜 기어

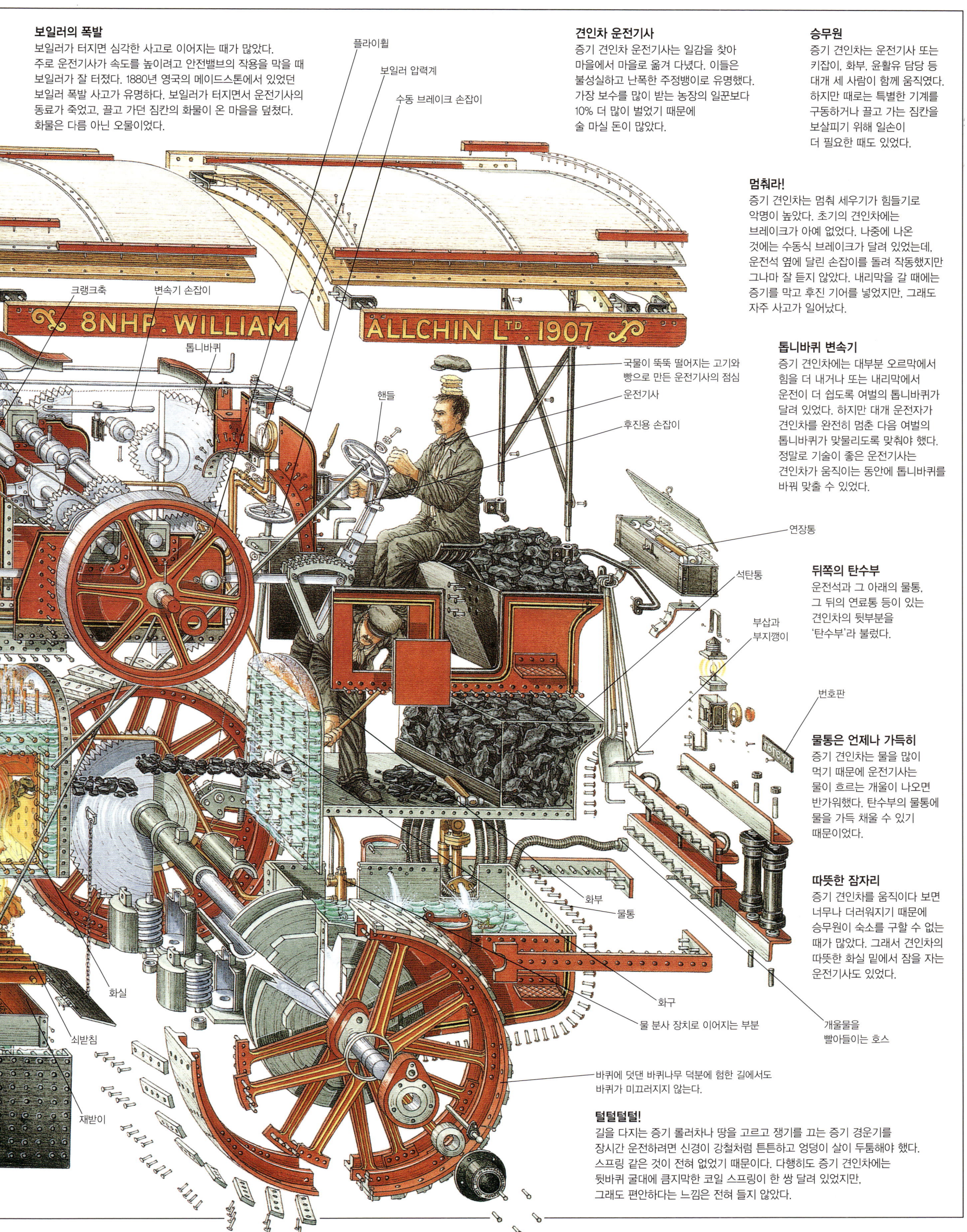

불이야!

시내 한복판의 불은 위험한 괴물이나 마찬가지이다. 감각을 하나씩 하나씩 공격해 들어온다. 전에 맡아 보지 못했던 냄새가 풍겨 온다. 화재 잘 때 그 무소리도 듣게 된다. 으르렁거리는 소리로 변한다. 처음에는 에는 탁탁거리는 소리였지만 도시에 사는 사람에 게도 큰 소리다. 그것도 그리 먼 곳에 있지 않다. 오늘날 도시에서는 이 괴물을 다스리고 그 식욕을 억제하는 법을 배운다. 가정에서는 값싼 연기 탐지기를 설치하고 부엌이 타는 데만 필요한 조치만으로도 60도보다 더 높이지만 작디작은 유리 주둥이들이 12계단마다 정도로 뿜어져 나온다. 장치 한 개는 12계단마다 정도의 구역에 물을 뿌린다.

침에 미리 알 수 있다. 불이 커지지 않을 때에 신고를 하고 소방관들이 용감하게 달려온다. 소방관이 호스로 뿌리는 물이 불꽃을 식히고 한편 수증기를 만들어 불이 타는 데 필요한 공기를 차단한다.

당황하지 말 것

최근 연구 결과, 화재 때문에 잠들었거나 나이나 병 때문에 움직이지 못하는 사람이 혹시 있는지 살펴보고 도와 주어야 한다. 정말 위험하다. 엘리베이터 화재에 연기가 손의 열기로 아주 올라가는 경우는 오르지 것이다. 안전한 곳으로 마주 올라가는 살을 우둔지 나도 안전하기 때문에 모두 확인해야 한다.

언제 누가 있나요?

소방관은 어린이 위험에 잠들었거나 나이나 병 때문에 움직이지 못하는 사람이 혹시 있는지 살펴보고 도와 주어야 한다.

빨리 호스를!

최근에 지은 건물에 엘리베이터 수지 통로는 화재가 나도 안전하기 때문에 소방관은 이 통로들 이용하여 호스를 꼽아 불을 끌 수 있다.

위험한 단추

엘리베이터 부르는 단추 중에는 누를 필요가 없는 것도 있다. 손에 열기를 감지하여 잠동이로 부르는 것이다. 불이 나면 이런 단추는 정말 위험하다. 엘리베이터 화재에 연기가 손의 열기로 엘리베이터가 불이 난 층으로 달려가기 때문이다.

연결 송수구

거의 모든 나라에서 고층 건물에는 연결 송수구를 반드시 설치하도록 하고 있다. 소방관이 호스를 연결 송수구에 연결하면 건물 각 층의 소화전으로 물이 흐른다.

연기를 잡아라

연기는 엘리베이터의 수지 통로를 통해 건물 곳곳으로 퍼질 수 있다. 최근에는 건물을 지을 때 일부 송풍 장치를 설치하고 엘리베이터 통로에 강제로 공기를 불어 넣어 연기가 들어오지 못하게 한다.

화재 경보에 주의할 것

화재 경보가 울리면 건물 안에 있는 사람 모두가 위험에 즉시 대처해야 한다. 하지만 실제로 화재가 올려도 화재의 기미를 못 느끼면 경보를 알아차리지 못하거나 그냥 무시하는 사람도 있는 것으로 나타났다.

야등 속에서

연기가 가득한 방에서는 한 치 앞도 보이지 않아. 소방관은 더듬으며 나아갈 수밖에 없다. 그래서 이럴 때 소방관은 줄을 풀면서 나아간다. 줄을 따라 안전하게 나가기 위해서이다.

자동 살수 장치

자동 살수 장치가 있으면 불이 본격적으로 붙기 전에 물을 뿌릴 수 있다. 실내 온도가 60도보다 더 높아지면 작디작은 유리 주둥이가 녹아 부서지면서 물이 뿜어져 나온다. 장치 한 개는 12계단마다 정도의 구역에 물을 뿌린다.

내 피아노를 지켜 줘!

자동 살수 장치는 최신 발명품이 아니다. 미국 코네티컷 주에서 피아노 공장을 운영하던 헨리 파멀리가 1875년에 화재로부터 공장을 지키기 위해 발명했는데, 코네티컷을 포함한 뉴잉글랜드 지역도 방수 공장에서 널리 쓰이게 되었다. 이들 공장에서 기공하는 섬유가 화재에 아주 약하지만, 보험 회사가 자동 살수 장치를 설치하지 않은 공장은 보험을 받지 않기 때문이다.

헬리콥터 구조

고층 건물에 불이 나면 헬리콥터 만으로 불이 난 아래쪽 부분에 갇힌 사람들을 구조하는 방법이 없을 수도 있다.

헬리콥터가 사람을 구조한다.

고가 사다리로 사람을 구조한다.

연기가 환기통을 타고 올라간다.

자동 살수 장치

한껏을 올리라

고가 사다리는 최고 지상 50미터에 있는 층까지 닿는다.

소방선

부둣가에 있는 건물에 불이 나면 소방 부두에서 시와 소방선이 도움을 청한다. 건물보다는 물이 불로 흐름이 가깝다면 각 층의 소화전으로 기름을 끝는 일이 많다.

소방 호스로 높은 구역에 물을 뿌린다.

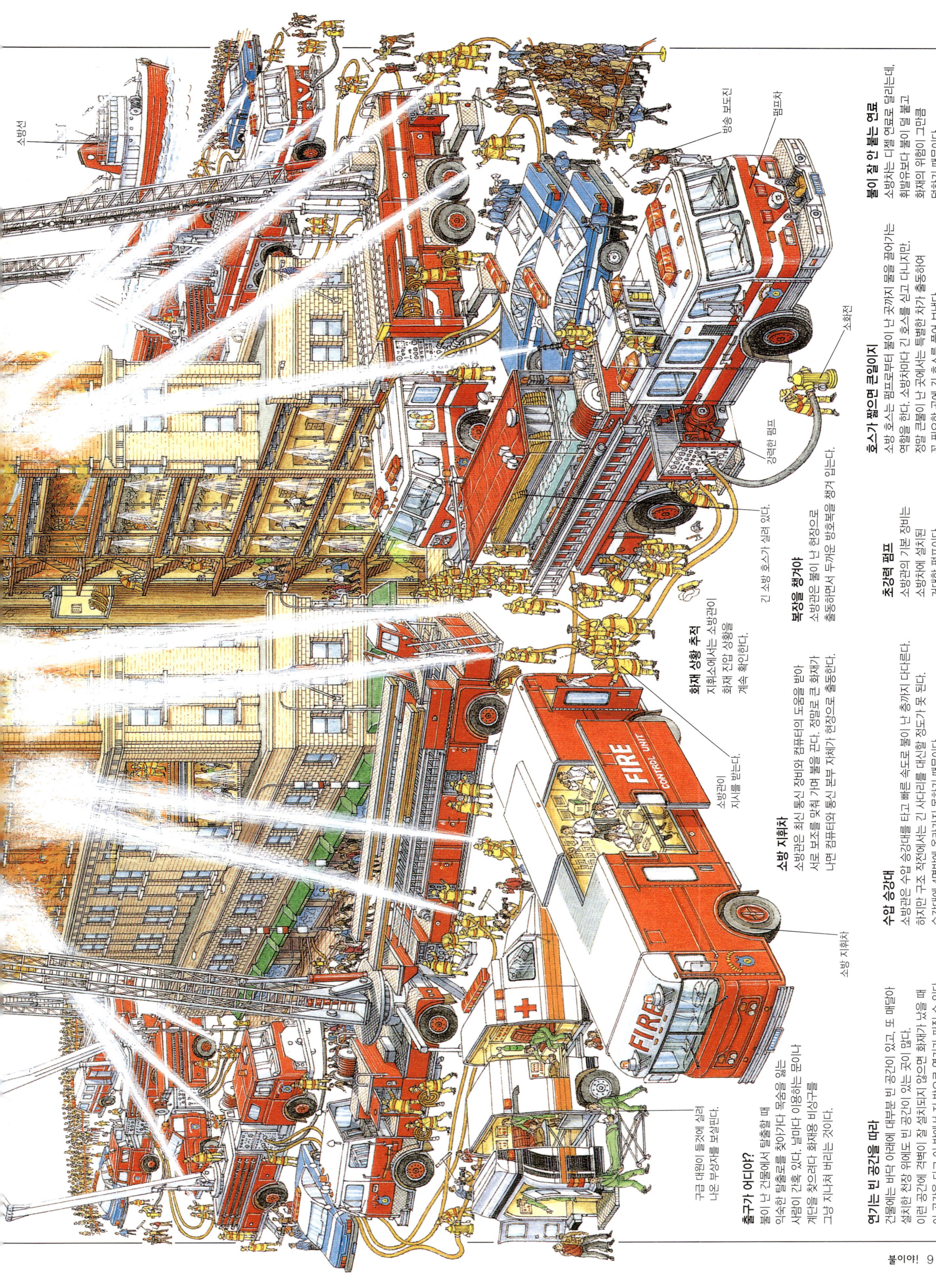

우주 정거장

어디가 위쪽이지? 지구상에서는 금방 알 수 있다. 하지만 우주 정거장에 타고 있는 우주인이 볼 때에는 멍청한 질문이다. 중력이 없을 때 '일어서기'라든가 '책 내려놓기' 같은 것은 아무런 뜻도 지니지 않는다. 우리는 중력이 있는 덕분에 위와 아래에 대한 감각을 느낀다. 우주 정거장에 있는 과학자는 이처럼 무게가 거의 없는 상태를 '미세 중력'이라 부른다. 과학자는 미세 중력 상태에서 극도로 순도 높은 결정체나 새로운 종류의 합금을 만들어 내려고 한다. 하지만 미세 중력은 문젯거리가 될 수도 있다. 바닥에 발을 디딜 수 있게 해 주는 중력이 없으니 걷기가 어렵다. 커피는 공중에 떠다녀서 마시기가 힘들다. 미국과 러시아의 우주인은 이런 어려움을 해결하는 법을 찾아냈다. 1998년부터 두 나라를 비롯하여 세계 여러 나라가 힘을 모아 국제 우주 정거장을 지구 궤도에 올리기 시작하여 2011년에 완성했다. 계획에는 있었으나 건설 도중 취소된 모듈도 있고 나중에 추가된 모듈도 있어서, 현재의 모습은 여기 소개된 그림과는 약간 다르다.

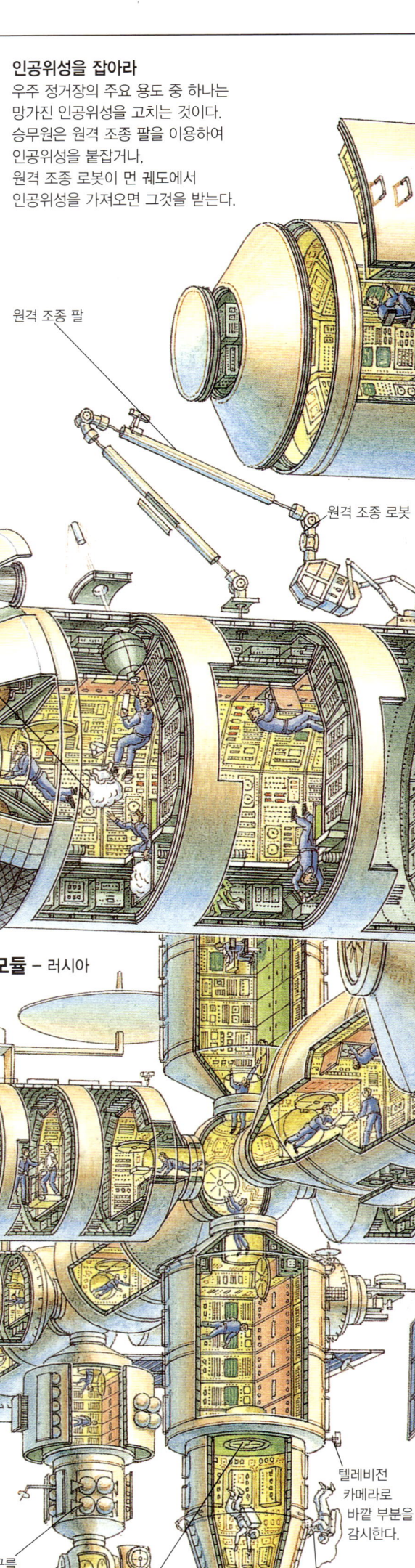

우주 비행기
우주 정거장과 지구 사이를 오갈 때 유럽 승무원은 우주 비행기를 이용한다. 우주 왕복선과 마찬가지로 우주 비행기는 로켓을 타고 우주로 올라갔다가 비행기처럼 날아 내려온다.

승무원과 보급품을 실은 우주 왕복선 – 미국

공기 정화
수산화리튬 카트리지로 선실 안의 공기를 깨끗하게 정화한다. 우주인이 내쉬는 숨의 수분을 모아 마실 물을 마련한다.

태양 집광기
태양 집광기는 물을 채운 관에 햇빛을 모아 준다. 관 속의 물이 끓으면서 발전기의 터빈을 돌린다.

우주 쓰레기
태양 전지판은 햇빛을 귀중한 전기로 바꿔 준다. 하지만 전지판이 아주 크기 때문에, 이전의 우주 탐사 계획 때 궤도에 남은 파편에 손상을 입기 쉽다. 우주 정거장은 초속 8킬로미터의 속도로 궤도를 돌고 있는데, 이 속도에서는 콩알 반만 한 크기의 우주 쓰레기라도 지상에서 시속 1백 킬로미터 속도로 달려오는 볼링공과 같은 파괴력을 지닌다. 지구 궤도에는 이만한 크기의 우주 쓰레기가 7만 개 이상 떠다닌다.

원격 조종 팔
우주인은 원격 조종 팔을 이용하여 우주 정거장에서 떨어져 있는 물체를 붙잡을 수 있다.

어디가 위쪽이지?
우주인에게 똑바로 서는 느낌을 주기 위해 각각의 모듈은 한 개의 '바닥', 두 개의 '벽', 한 개의 '천장'을 갖추고 있다. 조명은 언제나 천장에서 비치고, 자주 사용하는 물건이나 조종 장치는 벽에 있다.

인공위성을 잡아라
우주 정거장의 주요 용도 중 하나는 망가진 인공위성을 고치는 것이다. 승무원은 원격 조종 팔을 이용하여 인공위성을 붙잡거나, 원격 조종 로봇이 먼 궤도에서 인공위성을 가져오면 그것을 받는다.

과학 모듈 – 러시아

도킹 조작
러시아 우주인은 우주선끼리 연결하는 도킹 조작에 능숙하다. 보급품과 승무원을 받기 위해 1960년대부터 이 기술을 사용했기 때문이다. 우주 정거장에는 모듈을 연결할 수 있는 연결구가 여섯 군데 있다.

보건/병원 모듈 – 러시아

유지 관리 모듈

10 신기한 크로스 섹션

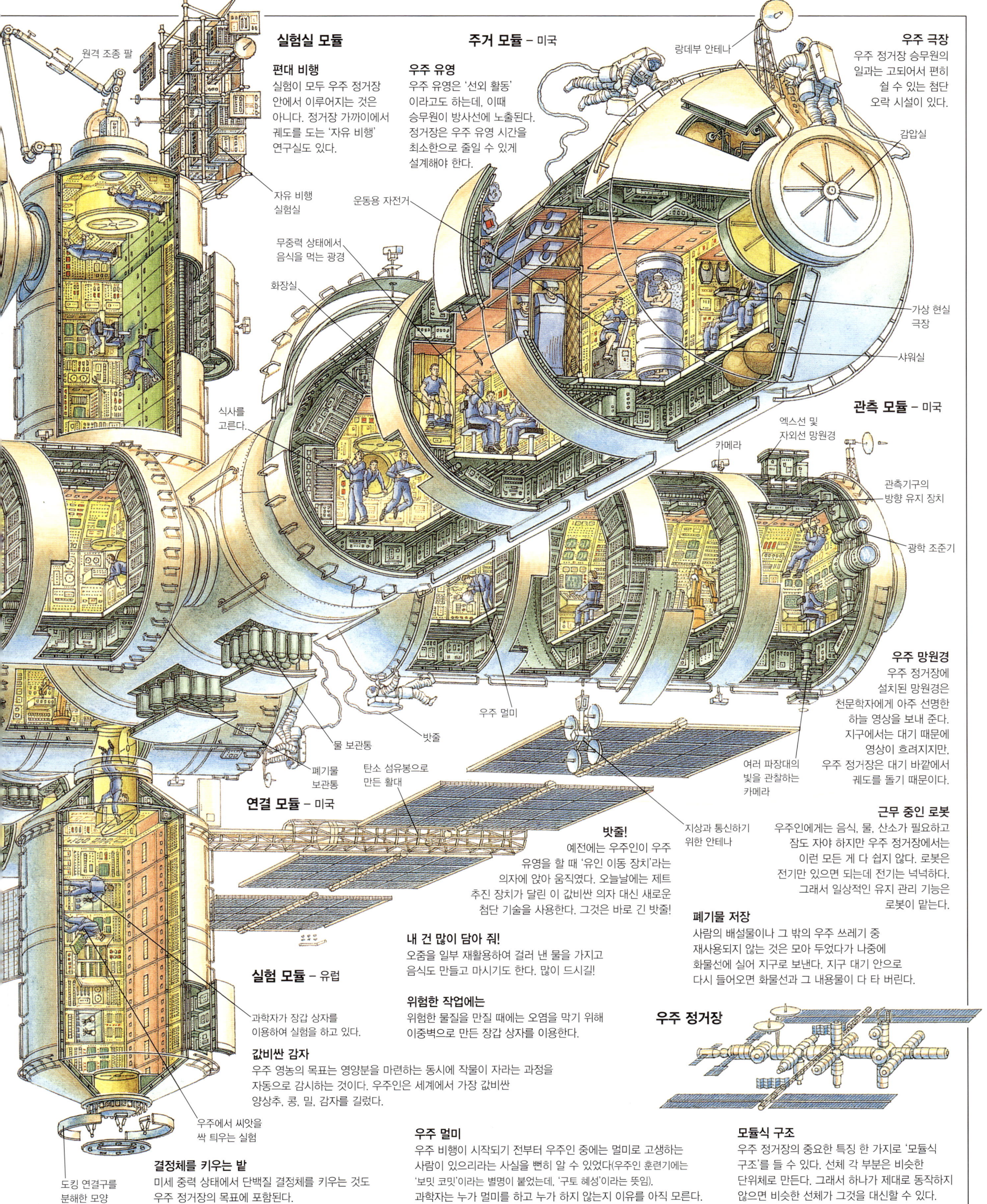

공항

하늘 사정이 도로 사정만큼 혼잡하다면 오래지 않아 비행기로 여행하려는 사람들이 없어질 것이다. 작디작은 비행기가 하늘 가득 떠다니고, 공중 충돌이 너무나 일상적으로 일어나 신문에 보도조차 되지 않을 것이다. 사람들이 많이 몰리는 곳에서는 신호등이 바뀌기를 기다리는 비행기가 엔진을 부릉거리며 빵빵 경적을 울리고, 그러다가 신호가 바뀌면 서로 활주로에 먼저 나가려고 달음질칠 것이다. 이런 식이라면 물론 비행기는 쓸모가 없을 것이다. 비행은 너무 복잡해서 누구나 비행기를 끌고 다닐 수 없다. 그래서 우리는 자가용이라는 자신만의 공간을 포기하고 공항에 간다. 짐을 낯선 사람들에게 맡기고 다른 사람들과 함께 여행길에 오른다. 도로에서도 이렇게 한다면 세상이 좀 더 안전하고 평화로우며 쾌적해지지 않을까?

항공 교통 관제
'항공 교통 관제'란 비행기가 안전하게 목적지에 다다르도록 방향을 잡아 주는 일을 말한다. 이를 위해 관제사는 비행기가 하늘에서나 이착륙 시 서로 너무 가까워지는 일이 절대로 없게 한다.

하늘을 안전하게
진입 관제 시설은 관제탑에서 안내하는 영역 바깥에 있는 비행기를 감시한다.

불은 꺼 두고
진입 관제 시설에서 감시하는 비행기는 레이더 화면을 통해 추적한다. 구식 레이더 화면은 어둡기 때문에 관제사는 어두운 곳에서 일한다.

전망이 좋은 곳
8킬로미터 이내에 있는 비행기는 관제탑에서 통제한다.

항공 교통 관제

- 관제탑
- 진입 관제 시설
- 컴퓨터 센터

기념품 하나쯤?
공항이 수송 사업으로 돈을 번다고 생각한다면 착각이다. 선물 용품점, 주점, 식당 등 상업 활동을 통해 벌어들이는 돈이 공항 전체 수입의 60%까지 차지하기 때문이다.

탑승 수속
외국으로 나가는 항공편은 대체로 컴퓨터를 이용하여 탑승 수속이 이루어진다. 하지만 국내편은 절차가 간단하기 때문에 사람이 직접 처리하는 곳도 있다.

터미널 2층(출발)
– 초록색 동선

가방 또 가방
국제편을 이용하는 승객 10명당 평균 13개의 짐을 수화물로 맡긴다.

뒤져 봐
엑스레이와 몸수색을 통해 비행기를 납치하기 위한 무기를 몸에 지니고 있는지 확인한다. 하지만 수화물에 폭탄이 있는지 빠른 시간에 확인할 방법은 없다.

- 주차장 건물
- 주차장 건물 엘리베이터

주차장과 연결 도로

아득한 탑승구
큰 공항은 어마어마하게 넓은 면적에 걸쳐 퍼져 있기 때문에 비행기를 갈아타는 승객을 위한 '무인 수송 장치'가 필요하다. 미국 텍사스 주에서 가장 큰 댈러스포트워스 공항의 경우 탑승구 사이의 거리는 최고 7킬로미터에 이른다.

자동차는 몇 대?
공항 주차장은 굉장히 커야 한다. 로스앤젤레스 공항은 1만9천 대가 주차할 수 있는 공간이 있다. 자동차가 모두 한꺼번에 주차장을 나선다면 거의 100킬로미터 정도 되는 줄이 생겨날 것이다.

- 지하 연결 도로
- 지하철
- 수화물 찾는 곳
- 세관 검사대
- 탑승 수속 중인 승객

주차권
공항에 차를 몰고 가 본 사람이라면 누구나 알겠지만, 주차장은 수입이 아주 짭짤해서 공항 수익의 1/6을 차지한다.

그다지 빠르지 않은 길
수많은 사람이 공항과 도시를 연결하는 고속 운송 체계를 이용한다. 런던 개트윅 공항의 승객 절반은 철도를 이용한다.

기차를 타라
수화물을 운반하는 벨트는 터미널 안에 만들어진 작은 철도망이나 마찬가지이다. 프랑크푸르트 공항의 벨트는 40킬로미터나 된다.

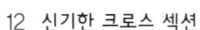

첨단 시대에도 수작업으로
비행 계획을 작성할 때에는 컴퓨터의 도움을 받지만, 관제사는 여전히 수작업 체제를 유지하고 있다. 컴퓨터가 고장 나면 관제사는 각 항공편의 세부 사항을 판지에 적어 이착륙하는 순서대로 나열해 놓는다.

활주로
활주로는 비행기가 착륙하는 아스팔트 포장도로이다. 활주로의 길이는 공항을 이용하는 비행기의 종류와 공항의 고도, 기후에 따라 다르다.

아기 엉덩이보다도 더 매끈하게
활주 표면은 철저히 관리하여 금방 포장한 도로처럼 매끈한 상태를 유지한다.

가장 무거운 항공기의 무게를 떠받치려면 활주로의 두께가 1.2미터가 되어야 한다.

활주로의 표시
조종사는 날씨가 좋은 낮 시간에는 페인트로 칠해 놓은 표시를 보며 비행기가 활주로로 잘 접근하는지 판단한다. 활주로의 중앙선과 경계선은 일정한 방식으로 그려져 있는데 조종사는 이를 보고 자신이 어느 높이에 와 있는지 판단한다.

활주로를 향해 내려올 때
밤에 비행기가 너무 높거나 너무 낮게 접근하면 색색의 전등으로 조종사에게 경고한다.

녹색에서 시작
녹색 줄이 시작점이다. 여기부터 활주로이다.

진입등
하늘에서만 보이는 일정한 방식에 따라 배치한 전등을 이용하여 활주로의 방향을 알려 준다.

활주로

방문객용 전망대

주 레이더

어휴, 시끄러워
공항 주위에서 사는 사람은 항공기의 소음을 견디기가 어렵다. 최근 연구 결과 공항 주위에서 사는 사람은 자살할 가능성이 두 배 더 높고, 사고로 죽을 가능성도 60% 더 높은 것으로 나타났다. 그리고 심장병도 18% 더 많았다.

레이더의 메아리
주 레이더에 달린 회전하는 접시에서 전파 신호를 내보내면 비행기에 반사되어 돌아온다. 이러한 신호는 항공 교통 관제사의 화면에 점으로 나타난다.

항공기 견인차
힘이 좋은 견인차가 활주로까지 비행기를 끌고 나간다.

에이프런

에이프런
지상 근무자는 에이프런(터미널 앞의 포장된 부분)에서 비행기를 점검한다. 비행기는 날아다니는 동안에만 돈을 벌기 때문에 빨리 작업해야 한다.

전기 공급
비행기는 엔진으로 전기를 만들므로 엔진이 멈추면 전기도 끊어진다. 그러면 이동 발전기로 전기를 공급한다.

수화물을 내린다.

교통정리
컨베이어 벨트를 타고 움직이는 수화물은 대개 사람이 일일이 분류하지만, 몇몇 공항에서는 자동 분류 장치를 사용하고 있다. 수화물에 붙인 꼬리표의 바코드에서 항공편 번호를 읽어 내, 해당 항공편으로 갈라지는 부분에 이르면 수화물을 그쪽으로 밀어 준다.

터미널 1층(도착)
– 빨간색 동선

환영합니다!
여행객이 제일 환영받는 곳은 서인도 제도의 퀴라소 섬에 있는 공항이다. 공항을 찾는 사람의 3분의 2가 친구나 가족을 마중하거나 배웅하는 사람이다. 가장 환영받지 못하는 공항은 프랑스의 파리이다. 환영이나 환송 목적으로 공항을 찾는 사람은 전체 이용객의 7%뿐이다.

운반차에 실은 수화물

공항 소방차

냄새 나는 구조
소방관은 어떤 상황에 대해서도 준비가 되어 있다. 유럽의 어느 큰 공항은 하수 처리장 가까이에 있는데, 구조대는 비행기가 활주로를 벗어나 침전지에 빠질 일을 대비해 공기 팽창식 보트와 호버크라프트를 갖고 있다.

가득 채워!
거대한 연료 탱크에서 항공 연료를 퍼낼 수 있는 급유 시설을 갖춘 공항이 많다. 런던의 히드로 공항에서는 6천만 리터의 연료를 저장하고 있다.

유조차

지상 근무원이 엔진을 점검한다.

줄줄이 내리는 수화물
일반적인 747기는 승객이 맡기는 수화물 8백 개를 싣고 간다. 짐을 한 줄로 놓으면 비행기 길이의 여섯 배가 될 것이다.

빨리빨리 움직여!
747기가 도착하면 12분 만에 승객이 수화물을 찾아갈 수 있는 곳도 있지만, 항공사에 따라 그 세 배의 시간이 걸리기도 한다.

공항 13

풍차 방앗간

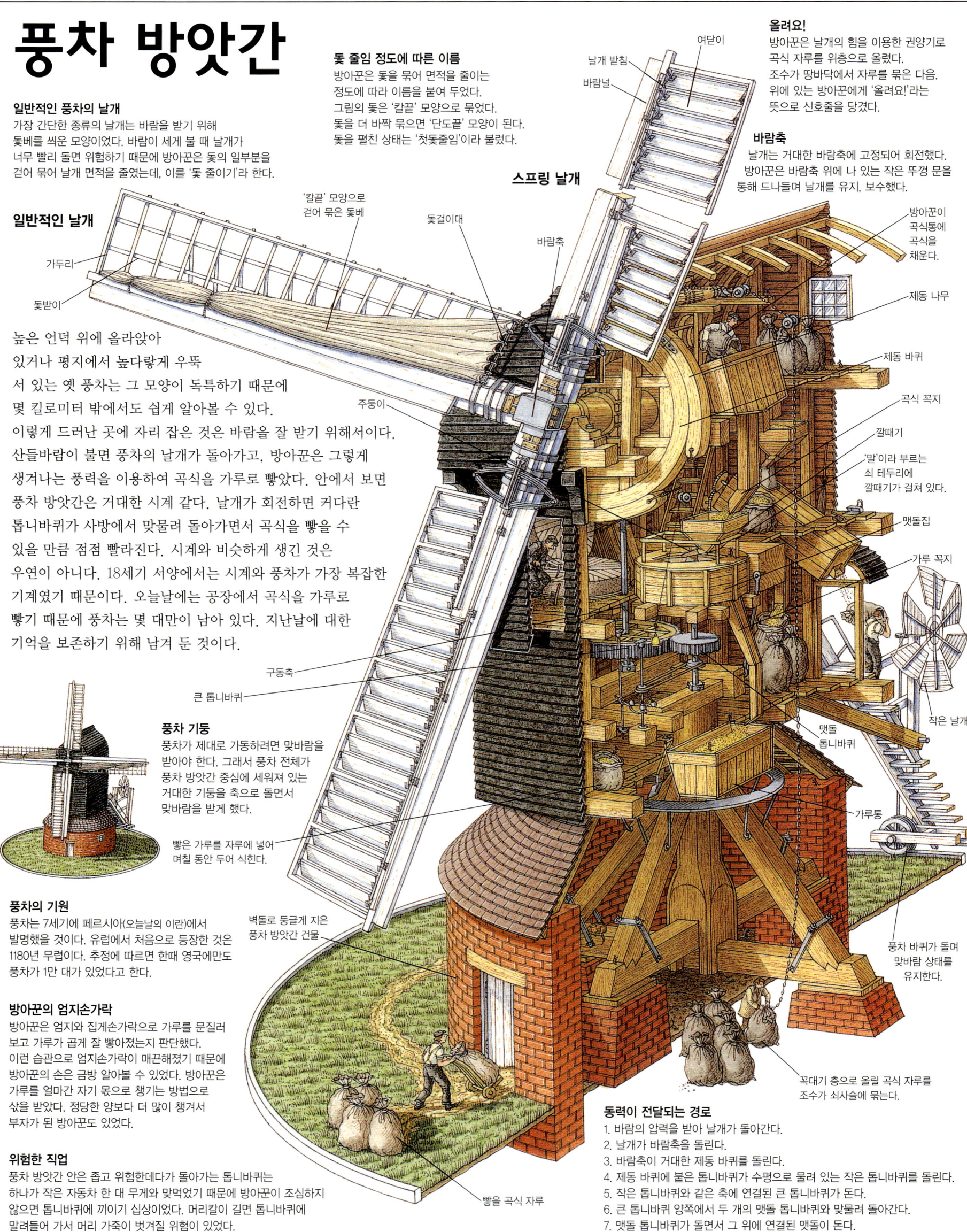

일반적인 풍차의 날개
가장 간단한 종류의 날개는 바람을 받기 위해 돛베를 씌운 모양이었다. 바람이 세게 불 때 날개가 너무 빨리 돌면 위험하기 때문에 방아꾼은 돛의 일부분을 걷어 묶어 날개 면적을 줄였는데, 이를 '돛 줄이기'라 한다.

돛 줄임 정도에 따른 이름
방아꾼은 돛을 묶어 면적을 줄이는 정도에 따라 이름을 붙여 두었다. 그림의 돛은 '칼끝' 모양으로 묶었다. 돛을 더 바짝 묶으면 '단도끝' 모양이 된다. 돛을 펼친 상태는 '첫돛줄임'이라 불렀다.

올려요!
방아꾼은 날개의 힘을 이용한 권양기로 곡식 자루를 위층으로 올렸다. 조수가 땅바닥에서 자루를 묶은 다음, 위에 있는 방아꾼에게 '올려요!'라는 뜻으로 신호줄을 당겼다.

바람축
날개는 거대한 바람축에 고정되어 회전했다. 방아꾼은 바람축 위에 나 있는 작은 뚜껑 문을 통해 드나들며 날개를 유지, 보수했다.

높은 언덕 위에 올라앉아 있거나 평지에서 높다랗게 우뚝 서 있는 옛 풍차는 그 모양이 독특하기 때문에 몇 킬로미터 밖에서도 쉽게 알아볼 수 있다. 이렇게 드러난 곳에 자리 잡은 것은 바람을 잘 받기 위해서이다. 산들바람이 불면 풍차의 날개가 돌아가고, 방아꾼은 그렇게 생겨나는 풍력을 이용하여 곡식을 가루로 빻았다. 안에서 보면 풍차 방앗간은 거대한 시계 같다. 날개가 회전하면 커다란 톱니바퀴가 사방에서 맞물려 돌아가면서 곡식을 빻을 수 있을 만큼 점점 빨라진다. 시계와 비슷하게 생긴 것은 우연이 아니다. 18세기 서양에서는 시계와 풍차가 가장 복잡한 기계였기 때문이다. 오늘날에는 공장에서 곡식을 가루로 빻기 때문에 풍차는 몇 대만이 남아 있다. 지난날에 대한 기억을 보존하기 위해 남겨 둔 것이다.

풍차 기둥
풍차가 제대로 가동하려면 맞바람을 받아야 한다. 그래서 풍차 전체가 풍차 방앗간 중심에 세워져 있는 거대한 기둥을 축으로 돌면서 맞바람을 받게 했다.

풍차의 기원
풍차는 7세기에 페르시아(오늘날의 이란)에서 발명했을 것이다. 유럽에서 처음으로 등장한 것은 1180년 무렵이다. 추정에 따르면 한때 영국에만도 풍차가 1만 대가 있었다고 한다.

방아꾼의 엄지손가락
방아꾼은 엄지와 집게손가락으로 가루를 문질러 보고 가루가 곱게 잘 빻아졌는지 판단했다. 이런 습관으로 엄지손가락이 매끈해졌기 때문에 방아꾼의 손은 금방 알아볼 수 있었다. 방아꾼은 가루를 얼마간 자기 몫으로 챙기는 방법으로 삯을 받았다. 정당한 양보다 더 많이 챙겨서 부자가 된 방아꾼도 있었다.

위험한 직업
풍차 방앗간 안은 좁고 위험한데다가 돌아가는 톱니바퀴는 하나가 작은 자동차 한 대 무게와 맞먹기 때문에 방아꾼이 조심하지 않으면 톱니바퀴에 끼이기 십상이었다. 머리칼이 길면 톱니바퀴에 말려들어 가서 머리 가죽이 벗겨질 위험이 있었다.

동력이 전달되는 경로
1. 바람의 압력을 받아 날개가 돌아간다.
2. 날개가 바람축을 돌린다.
3. 바람축이 거대한 제동 바퀴를 돌린다.
4. 제동 바퀴에 붙은 톱니바퀴가 수평으로 물려 있는 작은 톱니바퀴를 돌린다.
5. 작은 톱니바퀴와 같은 축에 연결된 큰 톱니바퀴가 돈다.
6. 큰 톱니바퀴 양쪽에서 두 개의 맷돌 톱니바퀴와 맞물려 돌아간다.
7. 맷돌 톱니바퀴가 돌면서 그 위에 연결된 맷돌이 돈다.

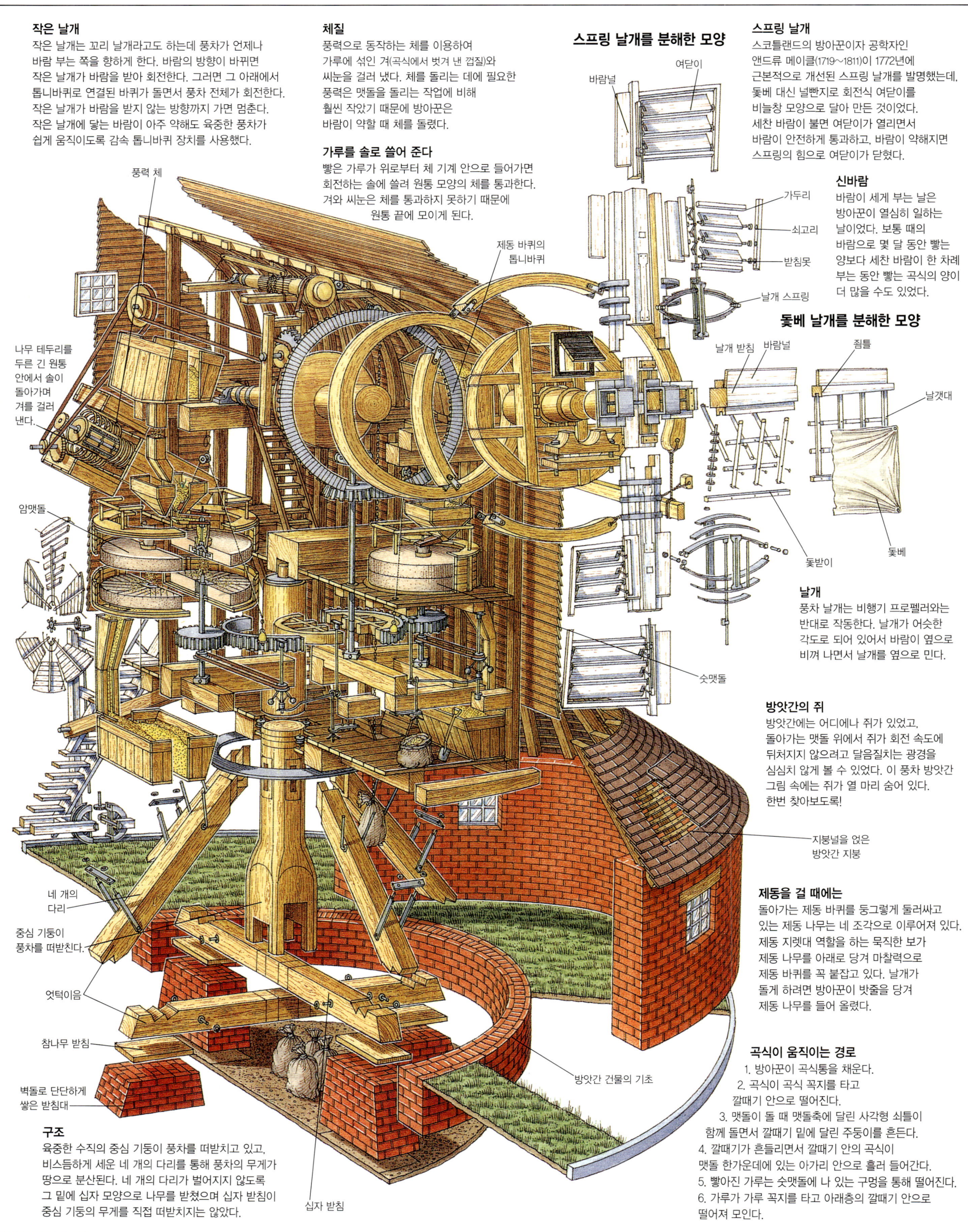

남극 기지

지구상에서 가장 추운 곳인 남극 대륙은 20세기 초까지만 해도 사람의 발길이 거의 닿지 않았다. 오늘날에는 30개국이 이곳에 연구를 위한 기지를 세워 놓았고, 이 외진 곳에서 활동하겠다는 과학자는 줄을 섰다. 왜 그럴까? 천문학자는 긴긴 밤이 이어지는 겨울 동안 낮의 햇빛 때문에 연구가 중단되는 일 없이 몇 달 동안 계속해서 하늘의 별을 관찰할 수 있다. 생물학자는 더없이 깨끗한 실험실에서 연구할 수 있다. 남극의 공기는 지구상에서 가장 깨끗하기 때문이다. 게다가 만년빙 자체가 뛰어난 기록보존소 역할을 한다. 겹겹이 쌓여 얼어버린 눈 속에는 15만 년이나 된 지구 기후의 기록이 보존되어 있는 것이다. 이 그림은 영국의 아문센-스콧 남극 연구소로서, 1975년에 건설되어 2003년까지 사용된 돔 기지를 바탕으로 했다.

남극의 밤
3월부터 한 달 동안 땅거미가 지면서 밤이 시작된다. 아침은 여섯 달 뒤에 온다. 지구상의 다른 곳에서는 별이 뜨고 지지만, 남극의 겨울 하늘에서는 별이 원을 그리며 계속 돈다.

다닐 때에는
남극에서는 무한궤도차가 주요 교통 수단이다. 해안의 기지에서는 또 '델타'라고 하는 거대한 바퀴 트럭과 오토바이, 설상차도 이용한다.

탐험가의 위령비
로알 아문센(1872~1928)은 1911년 12월 14일에 남극에 노르웨이 국기를 꽂았다. 한 달 뒤 로버트 스콧(1869~1912)의 영국 탐험대가 남극에 도착했지만, 스콧의 탐험대는 돌아가는 길에 모두 죽고 말았다.

홍예(아치) 아래에
기지의 넓은 실내 공간은 주로 강철 홍예를 사용하여 만들었다. 될 수 있는 대로 눈이 쌓이지 않고 흘러내리도록 이런 모양을 골랐다.

오존 구멍
남극 기지의 가장 중요한 임무 중에는 지구의 오존층을 감시하는 일도 있다. 해마다 남극 대륙 위로 오존층에 구멍이 나타나는데, 기지의 과학자는 이 구멍이 어느 정도의 위협이 되는지 기구를 사용하여 측정하고 판단한다.

움직이는 얼음
남극 기지 아래의 얼음판은 천천히 움직이고 있다. 기지 역시 그에 따라 움직인다. 얼음은 1년에 10미터 움직인다. 소형 자동차 3대를 앞뒤로 세운 길이이다.

물을 버리지 말 것
기지에서는 기온이 너무나 낮아 수증기가 모두 얼어 버리고, 그 결과 목조 건물이 불쏘시개처럼 말라 버린다. 그래서 언제나 화재의 위험을 안고 있다.

신축 기지
현재의 아문센-스콧 기지는 1999년에 착공하여 2008년에 준공한 새 건물에 자리 잡고 있다. 쌓이는 눈 문제를 해결하기 위해 건물 전체를 밀어 올릴 수 있는 구조로 지었다.

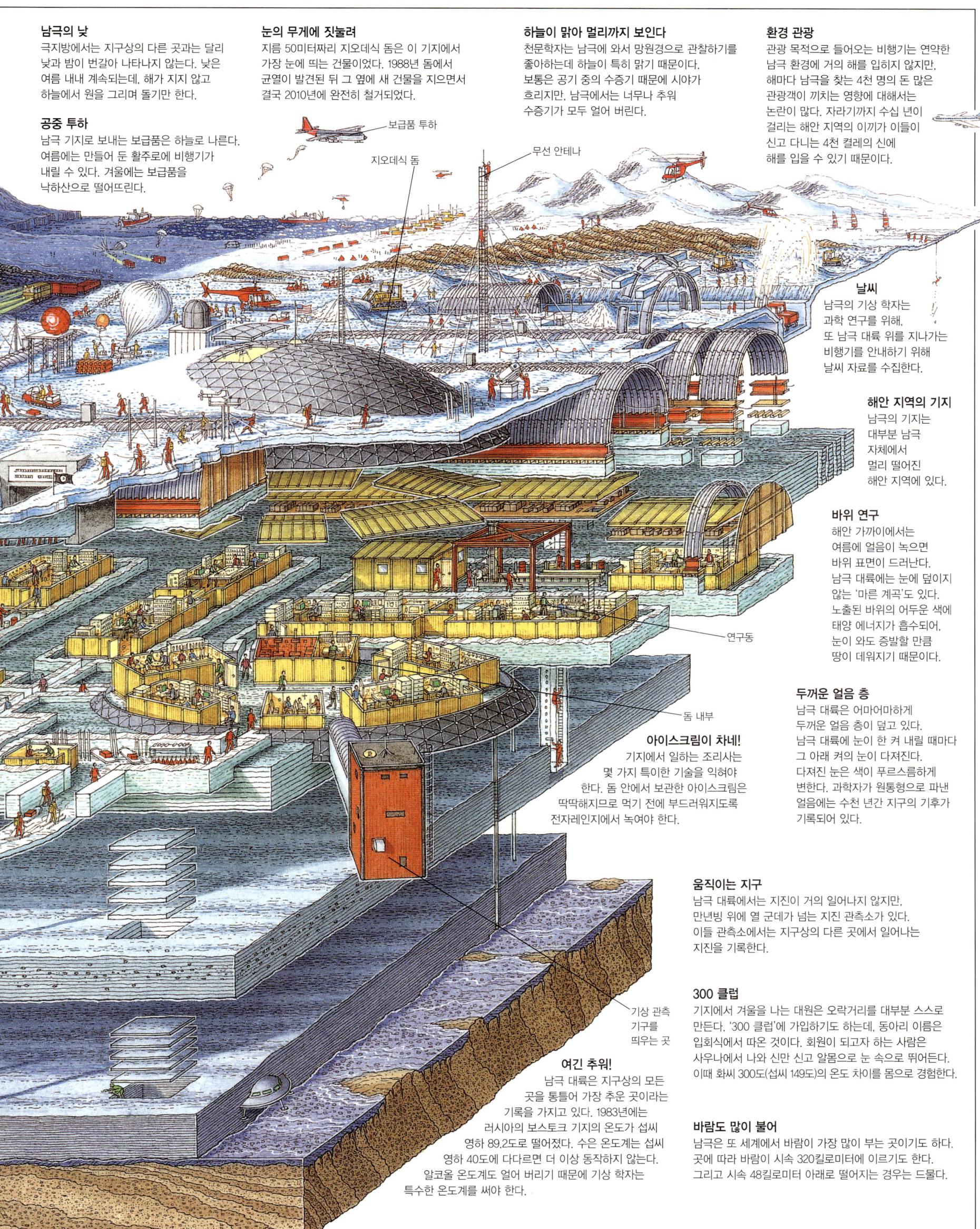

영화 촬영장

영화에서는 모든 것이 눈에 보이는 것과는 딴판이다. 화면 속에 우뚝 서 있는 듯 보이는 높은 건물은 사실 작디작은 모형이다. 배를 끌고 바다 밑으로 내려가는 거대한 오징어는 고무로 만든 꼭두각시이다. 우주 정거장은 알고 보니 커다란 헝겊이다. 이런 눈속임이 진짜 같아 보이게 만들려면 세트 디자이너, 배경 화가, 모형 제작자 등 어마어마하게 많은 사람의 기술이 필요하다. 이렇게 수많은 전문가가 촬영장에 모여 영화를 만든다. 이들은 세트의 아주 작은 부분을 가지고 몇 달 동안 작업하기도 한다. 화면에서 단 몇 초 만에 지나가 버린다 해도 이들은 구석구석 꼼꼼하게 작업한다.

영화를 만드는 숨은 손길
방음 스튜디오는 거대하여 눈에 잘 띄지만 전체의 작은 일부분에 지나지 않는다. 이 어마어마한 스튜디오를 중심으로 작은 작업실이 미로처럼 이어진다. 수많은 기술자와 지원 담당자가 이런 작업실에서 땀 흘리며 애쓴다. 이들의 뒷받침이 없다면 영화는 만들어질 수 없다.

거리에 의한 착시
목공이 불상의 4분의 1 크기로 복제 모형을 만든다. 이 모형이 배경에 등장하면 네 배의 거리에 서 있는 실물 크기의 불상 같아 보인다. 원근법에 따른 이런 속임수를 쓰지 않는다면 스튜디오는 4배의 크기가 돼야 할 것이다.

애니메트로닉스
모형 제작자는 발포 고무를 가지고 정교한 괴물 가면이나 작은 오징어 같은 바다 생물을 만든다. 고무 거죽 안에는 작은 모터가 들어 있어 팔다리의 움직임이나 얼굴 표정 같은 것을 만들어 낸다.

방음 스튜디오
영화 촬영이 이루어지는 방음 스튜디오는 거대한 창고와 비슷하다. 밖에서 지나가는 자동차나 비행기 소리가 민감한 마이크에 잡히지 않도록 꼼꼼하게 방음 시설을 해 놓는다. 이 그림에서는 세 개의 세트에서 영화 촬영이 동시에 이루어지는 것으로 그려 놓았지만, 동시에 두 군데 이상의 세트에서 촬영이 진행되는 경우는 드물다.

편집실
과학 기술이 발전해도 영화 편집 과정은 그다지 달라지지 않았다. 지금도 편집자는 대부분 카메라로 촬영한 필름으로 만든 편집용 필름(양화 필름)을 자르고 붙여 편집한다. 나중에 이것을 기준으로 음화 필름을 편집하여 최종 필름을 만든다.

소리와 영상 맞추기
편집자의 조수가 영화 필름과 사운드 트랙을 맞춘다. 사운드 트랙은 필름처럼 톱니 구멍이 뚫린 자기 테이프로서 거기에 소리가 녹음되어 있다. 장면 하나를 촬영할 때 언제나 딱딱이를 닫는 것으로 시작하는데, 조수는 사운드 트랙에서 장면 첫 부분에서 나는 '딱' 소리를 찾아, 영화 필름에 촬영되어 있는 딱딱이를 닫는 부분과 맞춰 준다.

조용! 잡음이 들어가지 않게!
영화에서 듣는 소리 중 많은 부분이 촬영이 끝난 다음 추가된 것이다. 발소리를 내기 위해 '자갈길'이나 '가을 낙엽'을 연출한 바닥 위로 배우가 걸어 다닌다. 완성된 영화에서 들리는 소리는 많게는 30~40가지의 소리를 섞은 결과물이다.

거대한 건물
방음 스튜디오는 어마어마하게 크게 짓기도 한다. 제일 큰 것은 영국의 파인우드 스튜디오에 있는데, 2층 버스 570대를 넣고도 남을 정도로 크다.

로켓 안에 드라이아이스를 넣어 발사 장면을 연출한다.

공상 과학 영화를 위해 만든 거대한 로켓 모형

분무기로 칙-치익
배경 그림을 많이 활용하는 것은 값이 싼데다 금방 만들 수 있기 때문이다. 화가 두 사람이 단 며칠이면 테니스장만 한 배경 그림을 그려 낼 수 있다.

도시 전체가 촬영장
아주 커다란 촬영장은 건물이 넓은 면적에 걸쳐 거대하게 뻗어 나가면서 하나의 시가지를 이루기도 한다. 미국 캘리포니아 주에 있는 유니버설 시티는 한때 가장 큰 촬영장이었다. 넓이가 1.7제곱킬로미터에 이르는 이 촬영장에는 자체 소방서, 말을 관리하는 마사, 경찰서 등이 있다.

가슴이 철렁
위험한 장면에서는 스턴트맨이 대신 연기한다. 이런 장면은 멀찍이서 촬영한 다음 꼼꼼하게 편집한다. 옛날에는 스턴트맨이 여자 배우를 대신하여 연기했지만, 미국에서는 이것이 불법으로 규정되었다. 그 역을 맡으려는 스턴트우먼이 아무도 없을 때에만 스턴트맨을 채용할 수 있다.

강도, 호수도, 바다도 만들어
강이나 호수, 바다를 연출하기 위해 세트 제작자는 거대한 저수조를 만들어 물을 채운다. 그중 가장 큰 저수조는 독일에 있는 사용하지 않는 어느 격납고를 이용한 것이다. 1929년에 지어진 600미터 길이의 격납고에 물을 채운 이 저수조는 영화 속에서 러시아의 볼가 강이 되었다.

고무로 만든 오징어
모형 작업실에서 만든 작은 오징어처럼 이 대형 오징어도 고무로 만든 모형이다. 일종의 거대한 꼭두각시인데, 카메라에서 보이는 부분만 그럴 듯하게 만든다. 그렇다고 해서 만만하게 보아서는 안 된다. 영화 〈죠스(1975년 미국, 윌리엄 길모어 2세 제작)〉의 고무 상어는 제작진과 배우를 태운 배를 실수로 침몰시키면서 카메라를 바다 밑에 가라앉혀 버렸다.

폭풍 연출
태풍을 연출하기 위해 영화 제작자는 비행기 프로펠러를 강력한 전기 모터에 단다. 이렇게 만드는 폭풍은 아주 그럴 듯하지만, 거대한 프로펠러가 소음도 많이 만들어 내기 때문에 촬영이 끝난 다음 진짜 같은 소리를 넣어 주어야 한다.

로켓 조종실 모형
파도를 만드는 기계
폭풍우가 몰아치는 바다의 하늘은 그림으로 연출한다.
거대한 저수조 안에 배의 세트가 들어 있다.
살수 장치로 비를 연출한다.
바람을 만드는 커다란 기계

거대한 고무 오징어의 대가리 안에서 담당자가 오징어의 다리를 조작한다.
배 밑에 스프링을 달아 파도에 흔들리는 효과를 낸다.
촬영반이 축소 모형 세트에서 장면을 촬영한다.
세트 창고
조명 창고

소품 창고
감독이 영사실에서 러시를 본다.
가발 담당
미용사
고도의 분장(악마)
가벼운 분장(미녀)
옷 갈아입는 방
매점
홍보 담당이 포스터를 도안한다.
수중 촬영반
정지 사진 현상실

"백인대장 복장 1만 벌 주세요!"
의상부는 모든 복장을 준비한다. 주요 등장인물은 가까이에서 찍어 보여 주기 때문에 이들이 입는 의상은 모든 면에서 확실해야 한다. 군중 장면에서는 아주 많은 복장이 필요한데, 1951년의 영화 〈쿼바디스〉에서는 의상부가 2만9천 벌의 옷을 준비했다.

촬영한 필름 확인
촬영장은 저마다 작은 극장이나 영사실을 갖추고 있다. 이곳에서 감독은 그 전날 촬영한 모든 장면을 현상하여 급히 만든 필름을 보는데, 이 필름을 '러시'라고 한다.

촬영반
촬영반에서는 조수가 따라 다니며 카메라를 점검하고 깨끗이 관리하며 렌즈의 초점을 맞춰 놓는다. 딱딱이와 필름 담당은 장면의 시작과 끝에 딱딱이를 닫는 표시를 넣고 카메라에 필름을 채워 넣는다. 도구 담당은 카메라를 운반한다.

영화 촬영장

베네치아

바다 가운데에서 반쯤 가라앉은 듯, 반쯤 떠 있는 듯 보이는 도시를 상상해 보라. 소용돌이치는 안개 위로 지붕과 번쩍이는 탑이 곳곳에서 신비스럽게 솟아오른다. 이런 마법 같은 곳이 17세기의 베네치아였다. 이때 이미 1100년이라는 역사를 지닌 도시였던 베네치아는 원래 습지였으나, 이탈리아 본토에서 전쟁을 피해 사람들이 모여들면서 개발되었다. 얕은 석호 덕분에 외적의 침입으로부터 안전했으므로 부강한 도시로 성장했다. 총독(공작)을 우두머리로 하는 귀족 집단이 베네치아를 무자비하게 통치했다. 이들은 아시아와 유럽 간의 육상 무역을 장악하면서 부유해졌다. 1488년에 유럽에서 아시아로 가는 바닷길이 발견되면서 무역 독점은 끝났다. 이때부터 여러 세기에 걸쳐 쇠퇴의 길을 걸었지만 베네치아의 멋과 뛰어난 예술품은 거의 변함없이 살아남았다. 아래 그림은 베네치아의 중심부를 보여 주고 있다.

총독
베네치아 총독은 값비싼 헝겊으로 공을 들여 만든 관복을 입었다. 또 '코르누'라는 금으로 된 뾰족한 관을 썼다.

운하
베네치아에는 도로 대신 물이 흐르는 운하가 그물처럼 뻗어 있다. 그중 가장 큰 운하인 카날 그란데는 널찍한데다 양쪽으로 대리석 궁전이 늘어서 있다. 나머지 운하는 아주 작다. 교회 바로 밑을 지나가는 운하도 있다!

베네치아는 길이가 5킬로미터도 채 되지 않지만 177개의 운하는 총 45킬로미터에 이른다.

피아차
산마르코 피아차(광장)는 테니스장 45개가 들어갈 수 있을 만큼 넓으며, 베네치아에서 늘 생활의 중심지 역할을 해 왔다.

도와줘!
"길거리에 물이 가득하다. 어쩌면 좋을지 알려 주기 바란다." 미국인 작가 로버트 벤칠리(1889~1945)가 베네치아의 수로를 처음 보았을 때 친 전보 내용이다. 우스개로 보낸 내용이지만, 이 도시의 운하를 처음으로 보는 사람이라면 누구나 약간은 그와 비슷한 느낌을 받을 것이다.

캄파닐레
산마르코의 저 유명한 캄파닐레(종탑)는 이 도시의 지붕선 위로 우뚝 솟아 있다. 12세기에 완성된 뒤로 여러 차례 복원됐다. 15세기에는 죄수를 처벌할 때 쇠로 만든 우리 안에 가두어 탑의 남측에 매달아 놓기도 했다.

캄파닐레의 종소리
캄파닐레에서 울리는 다섯 가지 종소리에는 저마다 의미가 있었다. 가장 크게 울리는 '마라고나'는 하루 일과의 시작과 끝을 알렸다. '노나'는 정오를 알리는 소리였다. 가장 작게 울리는 '말레피시오'는 처형이 시작된다는 뜻이었다.

베네치아의 상징
날개 달린 사자는 성 마르코를 상징하는 동물이었다. 베네치아 어디를 가도 건물 곳곳에서 볼 수 있다.

곡식을 실은 상선이 들어온다.

곡식 창고
베네치아를 다스린 사람들은 빵 값이 오르지 않도록 창고(폰테게토 델라 파리나)에 밀가루와 곡식을 잔뜩 저장해 두어 식량 폭동이 일어나지 않게 했다.

조폐국
체카(조폐국)에서는 일꾼들이 베네치아의 화폐인 두캇 금화를 두들겨 만들었다. 이 동전은 5백 년이 넘도록 똑같은 크기와 순도를 유지했는데 나중에 '체키노'라는 이름으로 알려졌다. 여기에서 옷이나 가방 등을 장식하는 금화 모양의 장식물을 뜻하는 '세퀸'이라는 낱말이 생겨났다.

차곡차곡 책꽂이
베네치아 사람들은 1360년 무렵부터 공립 도서관을 만들 계획을 세웠지만, 1591년에야 완공되었다.

건물 기초
베네치아의 건물은 말뚝 기초 위에 서 있다. 석호의 개흙 바닥에 나무 말뚝을 수없이 박은 다음 그 위에 건물을 지었다.

말뚝은 만의 반대편 이스트라에서 나는 소나무로 만들었다. 시간이 갈수록 나무가 단단해진다.

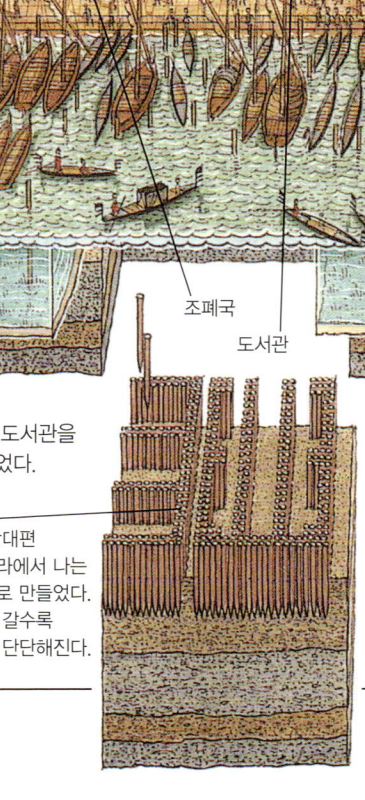

다리
베네치아에 있는 다리를 빠짐없이 모두 걸어서 건너 보려면 마음을 단단히 먹어야 할 것이다. 어찌나 많은지 여행 안내서조차도 제대로 세지 못한다. 카날 그란데를 가로지르는 유명한 리알토 다리는 건축가 안드레아 팔라디오(1508~1580)가 설계했다.

운하를 사이에 두고 건물을 배치했다.

베네치아와 관광객
베네치아는 언제나 기름칠이 잘된 관광 기계 같았다. 그것도 관광객이 아낌없이 돈을 쓰게 하려고 만반의 준비를 갖춘 기계였다. 이 도시에는 '관광객'이라는 낱말이 처음으로 쓰이기도 전인 14세기에 이미 여행객이 묵는 여관을 관리하는 감독관이 있었다.

석호
베네치아는 석호 위에 서 있으며 이탈리아 본토와는 떨어져 있다. 물의 깊이가 허리 정도밖에 되지 않는 곳이 많지만, 준설된 수로가 있어 큰 배가 뭍에 닿고 아드리아 해로 나아갈 수 있다.

산마르코 대성당
한때 총독궁의 예배당이었던 이 대성당은 예수의 열두 제자 중 하나인 성 마르코의 이름을 땄다. 이 대성당의 가장 진귀한 보물은 '팔라도로'라는 이름의 제단 휘장이다. 금실로 짜 보석을 박은 것인데, 완성되기까지 5백 년이 걸렸다.

총독궁
총독은 가족과 함께 궁전 안에서 터무니없는 사치를 누리고 살았다. 제24대 총독의 영부인은 하인이 모아 온 아침 이슬에 목욕했다고 한다.

시의회 대회의실
베네치아를 다스리는 귀족의 회의실은 어마어마했다. 그럴 수밖에 없었다. 1311년에 이르렀을 때 시의회의 의원 수가 1200명을 넘었기 때문이다.

무시무시한 10인 위원회
14세기에 총독을 몰아내려는 반란이 진압됐을 때 베네치아 사람들은 그때그때 상황에 재빠르게 대처할 수 있도록 10명으로 구성된 위원회를 임명했다. 이들은 권력이 대단했고, 당시 세계의 구석구석 손이 닿지 않는 곳이 없는 비밀 첩보 기관을 만들었다.

끔찍한 삼인조
베네치아 사람들이 가장 무서워한 사람은 10인 위원회 중에서 뽑는 3명의 종교 재판관이었다. 이들은 국가 보안 문제를 맡았는데, 거의 누구에게든 사형을 내릴 수 있었다.

곤돌라
요금을 내고 타는 노 젓는 배로 물 위를 다니는 택시이다.

밋밋한 선체
옛날에 부자는 곤돌라를 화려하게 꾸밀 수 있었지만, 1562년부터 사치스러운 곤돌라는 법으로 금지되었다.

베네치아의 처형
산마르코 피아차 앞의 피아체타는 베네치아에서 공개 처형이 이루어지는 곳이었다. 두 개의 기둥 사이에서 범죄자의 목을 매달거나 머리를 잘랐다. 평범한 처형 방법이 지루해진 나머지 1405년에는 사형 집행자가 반역자 3명을 다리만 보이도록 남기고 산 채로 이곳에 묻었다.

부친토로
총독이 타는 화려한 의장선을 '부친토로'라 불렀는데, 베네치아를 다닌 배 중 가장 호화로웠다. 베네치아가 바다를 지배하고 있다는 사실을 만천하에 보여 주기 위해 해마다 한 번씩 총독이 이 배를 타고 석호로 나와 행사를 열었다.

한숨 다리
이 유명한 다리는 총독궁과 종교 재판관의 집무실을 이어 주고 있는데, 죄수가 운하를 건너갈 때 애처로이 내쉬는 한숨 때문에 붙은 이름이다. 처형이나 고문이 기다리고 있다는 사실을 알기 때문이었다.

베네치아 25

타워 브리지

런던의 명소가 된 이 다리는 유명한 런던 타워의 쌍둥이 형 같아 보인다. 갖가지 첨탑과 흉벽을 보면 돌로 지은 성 같지만, 그것은 겉보기에 지나지 않는다. 돌을 입힌 다리 안에는 강철로 된 뼈대가 들어 있기 때문이다. 타워 브리지는 19세기 말에 교통 혼잡 문제를 해결하기 위해 지은 도개교이다. 높다란 배가 런던의 템스 강을 거슬러 올라갈 때에는 두 개의 다리판을 들어 올려 그 아래로 배가 지나가게 한다.

원래 칠한 색은
개통하기 전에 도장공은 다리의 철 구조물에 밝은 초콜릿색을 세 겹 칠했다.

왕의 개통식 연설
타워 브리지는 1894년 왕이 참석한 가운데 개통식을 열었다. 신이 나서 모여든 구경꾼이 지켜보는 가운데 개통했지만, 모든 것이 계획대로 순조롭게 진행된 것은 아니다. 확성기가 발명되려면 아직 20년이 더 지나야 했기 때문에, 연단에서 몇 발짝 안에 있던 사람 말고는 아무도 왕의 연설을 들을 수 없었다.

쇠사슬로 연결
강 양쪽에서 교탑과 강둑을 연결하는 다리는 현수교이다. 이 때문에 도로 바닥판을 들고 있는 부분을 '쇠사슬'이라고 부르는데, 사실은 사슬이 아니라 '들보'이다.

사망자 안치소
북쪽 진입로의 굴다리 아래로 들어가면 사망자 안치소가 있다. 다리 가까이에서 건져 올린 익사자를 위한 임시 시체 보관소이다.

관리 소장의 특권
이 다리는 80명을 고용했고, 항상 14명의 당직 근무자가 있었다. 여기에는 감독 기사와 관리 소장이 포함되었는데, 관리 소장은 가까운 곳에 사택이 있었다.

육중한 시소!
'도개교'의 영어는 프랑스어로 '시소'라는 뜻이다. 타워 브리지에서는 다리판에 납과 강철로 만든 평형추를 하나씩 달았다. 평형추는 각기 무게가 325톤인데, 아프리카 코끼리 40마리의 무게에 해당한다.

바람의 무게
각각의 다리판은 무게가 1,220톤이고 길이는 30미터이다. 바람이 자는 날에는 힘을 별로 들이지 않고도 다리판을 들어 올릴 수 있다. 하지만 순간적으로 아주 세찬 바람이 몰아칠 때에는 다리판에 자동차를 150대씩 올려놓았을 때와 맞먹는 힘이 필요하다.

튼튼한 구조
애초에 설계할 때 다리에 대포를 얹을 수 있을 만큼 튼튼하게 만들도록 주문했다.

넓게
다리는 간격이 아주 넓어야 했다. 가로돛을 단 폭이 아주 넓은 범선이 바람의 힘으로 쉽게 지나가기 위해서였다.

찰흙 위에 세워
이 다리는 암반이 아니라 찰흙에 기초를 세웠다. 그래서 다리가 내려앉지 않도록 기초를 거대하게 만들었다. 토목 공학자가 설계하면서 발가락 위에 사람이 올라 서 있는 정도보다 압력이 더 낮아지도록 했다.

- 나선 모양의 계단을 따라 올라가면 지붕 공간이 나온다.
- 엘리베이터 구동 도르래
- 런던 시의 문장
- 도개교
- 고가 통로
- 도개교 고정 빗장
- 스코틀랜드의 성을 본뜬 고딕 복고 양식 건축물
- 현수교의 케이블
- 내부의 철골 구조
- 고가 통로로 올라가는 25인승 엘리베이터
- 가스등
- 2층으로 올라가는 계단
- 운전실
- 야간 신호등
- 북쪽 진입로 현수교의 고정쇠
- 북쪽 진입로
- 다리를 움직이는 운전 손잡이
- 축압실로 들어가는 통로
- 콘크리트 덩어리 안에 묻은 고정쇠
- 런던 타워 입구
- 사망자 안치소로 들어가는 입구
- 콘월 지방에서 나는 화강암을 입힌 다리받침
- 점토 시멘트 벽돌
- 다리를 들어 올리는 엔진 두 대가 설치된 기계실
- 납으로 된 평형추
- 피스톤
- 무쇠로 된 추

26 신기한 크로스 섹션

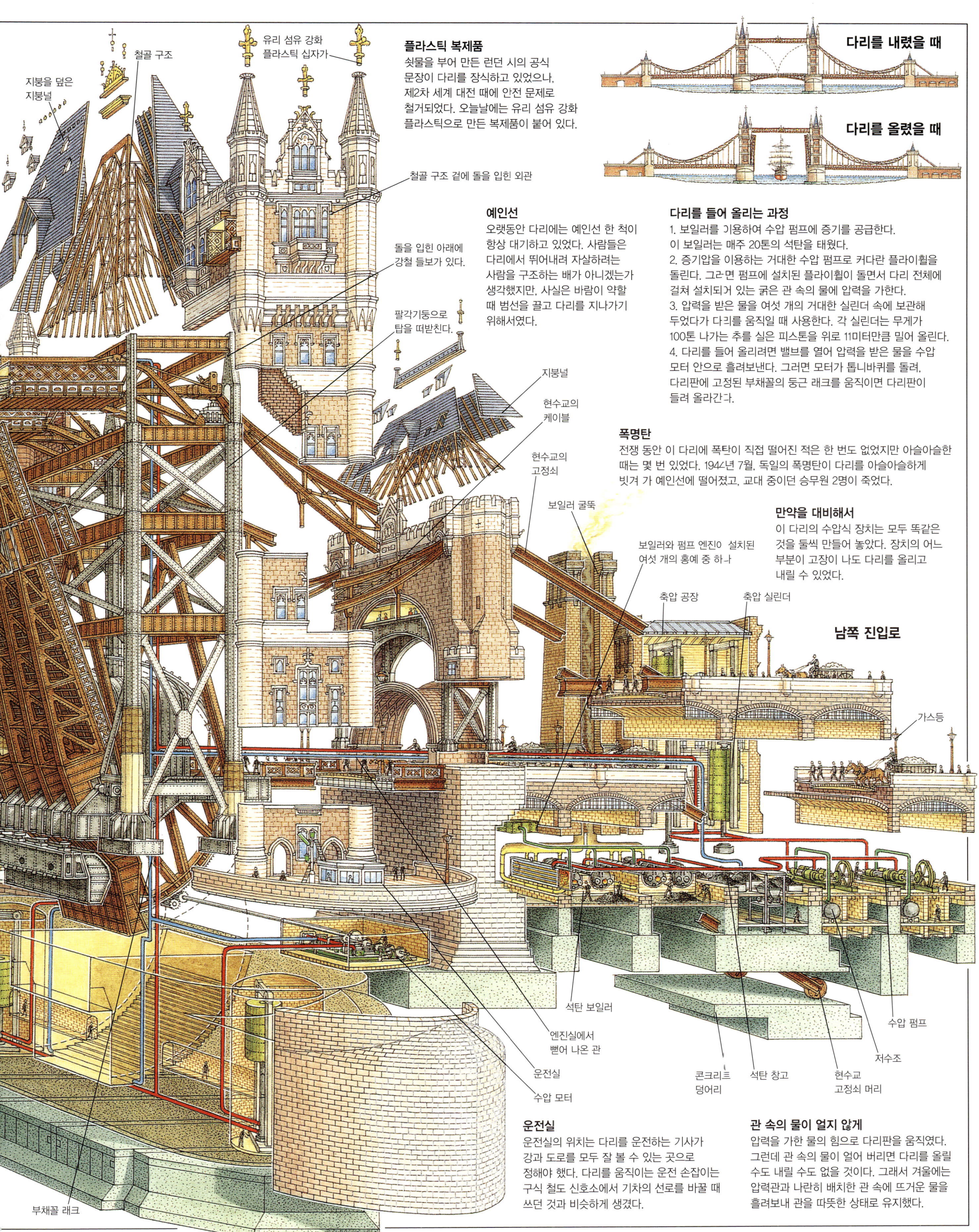

인체

인체 속 여행의 마지막 도시 아래의 그림처럼 뼈로 이루어진 근골격계와 그 속에 자리한 아마아마한 지하철망과 하수관망을 따라 흐르는 것과 비슷하다. 콩광쿵광 뛰는 심장에서 출발하면 넓적하던 동맥이 차차 조금씩 좁아지고 낮아진다. 그리고 1분 남짓한 시간이 지나면 혁관은 길을 다시 돌게 된다. 하파로 가는 여행길은 그보다 훨씬 빠르다. 갈비뼈로 에워싸인 기관 속으로 빨려 들어가서 매내려가면 매내려가면 관이 점점 좁아진다. 그리고 이조 뒤, 배꼽 걸음 바람에 다시 바깥으로 불려 나온다. 이 모든 일을 통제하는 것도 보이다. 보는 작디작은 신경망을 통해 생명 신호를 보내 준다.

쎈 근육
우리는 개들근교리이 있어 씹을 수 있는데, 인체에서 가장 힘이 센 근육이다. 깨무는 힘(앞당이)의 정상적 범위는 75~100킬로그램이지만, 거의 5백 킬로그램이나 되는 사람도 있다.

튼튼한 엔진
사람의 심장은 주먹보다 조금 크지만 수명이 70년이나 되고, 매일 자기 무게의 30배나 되는 양의 피를 펌프질한다.

지루해서라기보다
하품은 뇌에 산소가 더 필요할 때 일어나는 반사로서 허파 안으로 공기를 들이쉰다. 오랫동안 아무 활동도 하지 않을 때 졸림 일으키는 현상이다.

생명의 붉은 액체
우리 신체에는 피가 5리터즘 들어 있다. 종이팩 우유 큰 것으로 다섯 통 정도 되는 양이다. 그중 세포틈으로 정맥을 따라 돌고 있고, 어느 순간에는 허파 속에도 두 컵 반 정도가 들어 있다. 그 나머지는 심장과 그물 같은 모세혈관 속에 있다.

림프 계통
인체 속의 또 한 가지 많은 림프 계통인데, 이 망을 타고 '림프'라고 하는 젖빛의 묽은 액체가 순환한다. 방어선이자 영양분 공급원인 림프에는 병에 맞서 싸우는 백혈구가 있어서 감염을 막아 준다. 림프관 속에는 림프절 이 듬성듬성 자리 잡고 있는데, 림프절은 또는 '림프샘'이라 부르는데, 우리가 병에 걸리면 세균을 죽이는 세포가 림프절에 모여들어 우리가 병에 맞서 싸우도록 도와준다.

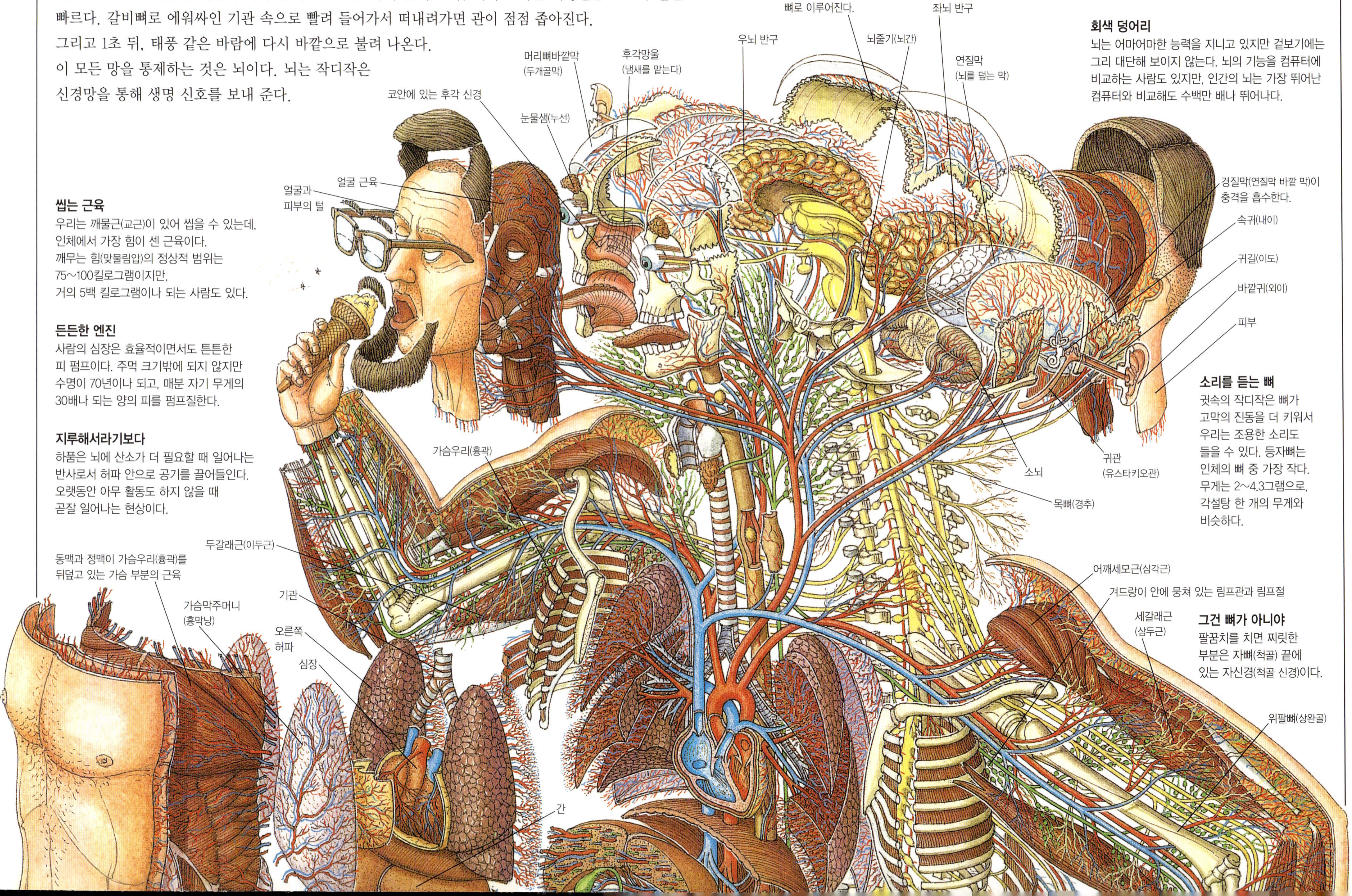

회색 덩어리
보는 어머어마한 능력을 지니고 있지만 겉보기에는 그리 대단해 보이지 않는다. 보는 기능을 컴퓨터에 비교하는 사람도 있지만, 인간의 보는 가장 뛰어난 컴퓨터와 비교해도 수만 배나 뛰어나다.

소리를 듣는 뼈
귓속의 작디작은 뼈가 고막의 진동을 크게 하여 우리는 조용한 소리도 들을 수 있다. 등뼈는 인체의 뼈 중 가장 작다. 무게는 2~4.3그램으로, 작살된 한 개의 무게와 비슷하다.

그건 뼈가 아니야
편도선을 치면 찌릿한 부분은 자뼈(척골) 끝에 있는 자신경(척골 신경)이다.

(labels: 속귀(내이), 겉귀(외이), 바깥귀(외이), 피부, 귓관(유스타키오관), 속뼈, 연질막(뇌막 덮는 막), 목뼈(경추), 어깨세모근(삼각근), 세갈래근(삼두근), 머리뼈(연질막 바깥 막이 충격을 흡수한다), 머리뼈(두개막), 눈물샘(누선), 얼굴과 피부의 털, 얼굴 근육, 두개막(두개골), 코안에 있는 후각 신경, 후각망울(냄새를 맡는다), 머리뼈두개골은 20개의 뼈로 이루어진다, 우뇌 반구, 좌뇌 반구, 뇌줄기(뇌간), 기관, 오른쪽 허파, 심장, 간, 기슴주머니(충막), 가슴막(충막), 동맥과 정맥이 기슴주머니(충막)를 덮고 있는 가슴 부분의 근육)

28 신기한 크로스 섹션

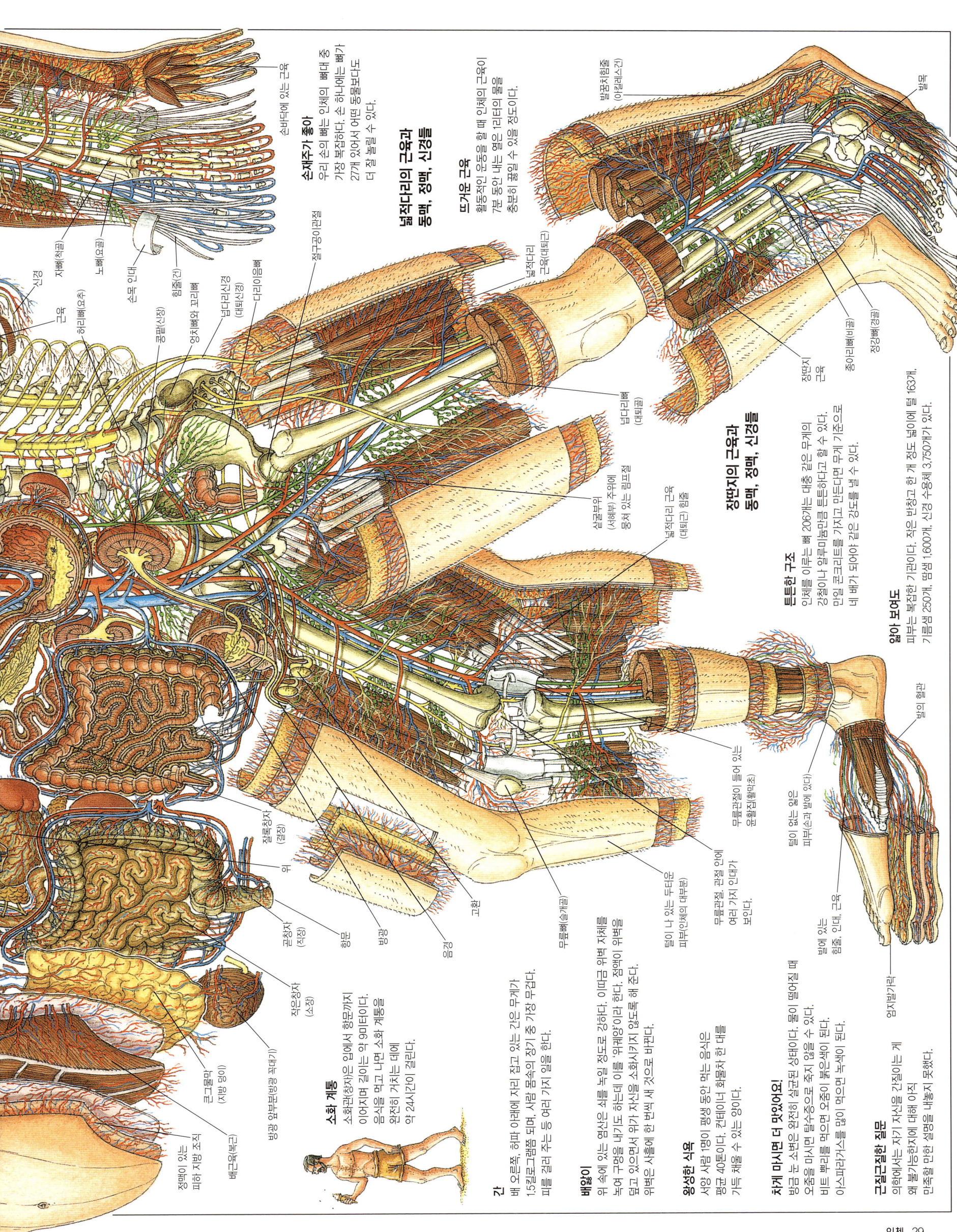

그랜드 캐니언

해마다 5백만 명 가까이 되는 사람들이 미국 동남부로 몰려와서 텅 빈 풍경을 구경한다. 너비가 15킬로미터, 길이는 1,500킬로미터가 넘는 거대한 빈 곳을 보고 감탄한다. 그래서 그랜드 캐니언은 텅 빈 것으로 유명한 관광지이다. 물론 관광객은 텅 빈 곳에 드러나 있는 사람같이 화려한 무늬로 쌓여 있는 바위들을 보러 온다. 에리조나 주의 바위 사이로 콜로라도 강이 우당탕 흘러가며 이렇게 멋진 층을 새겨 놓았다. 만드는 데에 1천만 년이 걸린 작품이다. 처켜 쌓아 올린 케이크 같은 지질 구조만큼이나 놀라운 것은 이 캐니언의 기후와 동식물이다. 바닥은 사막이어서 여름에 더 달궈진 부싯돌만큼 뜨겁게 달아오른다. 그렇지만 가장자리 높이 올라가면 숲이 많이 있는데, 겨울이 많이 사냥한다.

한번 세어 보시오
그랜드 캐니언을 본 최초의 백인 중 어떤 사람은 이런 글을 남겼다. "이처럼 쓸모없는 지역을 방문하는 백인으로는 분명 우리가 처음이자 마지막일 것이다." 하지만 지금은 거의 5백만 명의 관광객이 해마다 이곳을 찾는다!

절벽과 경사면
단단한 바위가 수직의 절벽을 이룬다. 무른 바위가 풍화되어 가파른 경사면을 이룬다.

첨퍼덕!
사람이 캐러 가장자리 꼭대기에서 떨어지면 먼저 경사면에, 부딪히겠지만, 만일 바닥까지 곧장 떨어진다면 바닥에 닿을 때까지 약 35초 동안 경치를 감상할 수 있다.

눈이 내리지 않는 땅
그랜드 캐니언의 북쪽 가장자리 높은 곳에서는 가끔 눈발이 날리지만 캐러 바닥에는 눈이 떨어지는 일이 거의 없다.

계곡 건너가기
캐러 건너가는 등산객은 대개 더 낮고 더 따뜻한 남쪽 가장자리에서 출발한다. 한쪽 가장자리에서 반대쪽 가장자리까지 최단 시간 기록은 3시간이 안 되지만 대개 2~4일이 걸린다.

힘들어!
등산객이 꼭대기까지 다 못 올라가는 사람도 있다. 그러면 공원 순찰대가 노새에 태워 꼭대기까지 데려간다. 이들 노새가지 인정해 올라가기 전에 요금을 내야 한다.

시원한데
그랜드 캐니언에는 엠파이어 스테이트 빌딩 네 개를 그대로 쌓아 올릴 만큼 깊은 곳이 여러 군데에 있다. 바닥이 가장 깊은 곳은 대양 위의 여객기에서 올라다보기 전에 않을 정도이다.

기후대

높은 사막 지대
캐러 경사면의 높은 지대를 높은 사막 지대라 한다. 목대기에서는 노간주나무와 엘매를 맺을 수 있는 소나무가 주로 자란다.

침엽 지대
침엽 지대는 가장자리 바로 근처인데에서 나타난다. 이곳의 기후와 동식물은 그 위의 한대와 그 아래의 높은 사막 지대와 비슷하다.

소나무

한대
캐러에서 가장 높은 곳은 북쪽 가장자리로서, 해발 2,480미터가 넘는 높은 부분도 있다. 이곳에서 자라는 사사나무, 전나무, 가문비나무는 해마다 내리는 폭설이 가지에 쌓이지 않고 떨어지도록 이 지역에 적응했다.

지하수가 캐러 아래로 흘러내려 간다.

주자장

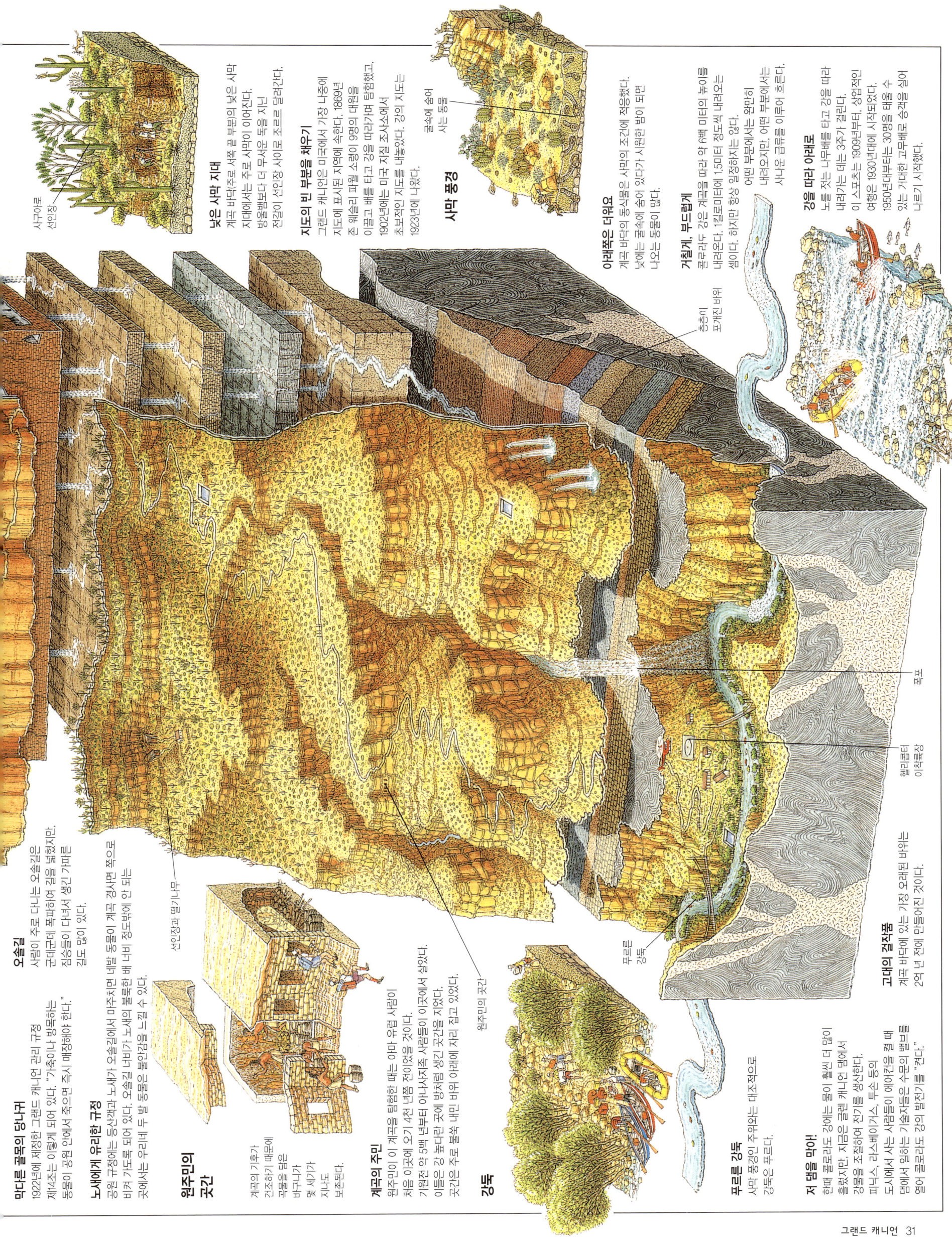

찾아보기

ㄱ
가장 추운 곳 ……………………… 21
간 ………………………………… 29
거석 ……………………………… 18
고가 사다리 ……………………… 8
고고학자 ………………………… 16
고생물학자 ……………………… 16
고층 건물 ………………………… 16
곤돌라 …………………………… 25
공룡 ……………………………… 18
공항 …………………………… 12, 13
교근 ……………………………… 28
귀 ………………………………… 28
그랜드 캐니언 ………………… 30, 31
극지방의 낮과 밤 ……………… 20, 21
근육 …………………………… 28, 29
기후대(그랜드 캐니언) ………… 30, 31
깨물근 …………………………… 28
꼬리 날개 ………………………… 15

ㄴ
날개(풍차) …………………… 14, 15
남극 …………………………… 20, 21
남극 기지 ……………………… 20, 21
뇌 ………………………………… 28

ㄷ
다리
 - 도개교 …………………… 26, 27
 - 베네치아의 ………………… 25
 - 현수교 …………………… 26, 27
대폭발 …………………………… 19
데본기 …………………………… 19
도개교 ………………………… 26, 27
도시 ……………………………… 16~19
도킹(우주 정거장) ……………… 10

ㄹ
러시(영화 촬영장) ……………… 23
레이더 ………………………… 12, 13
로마인 …………………………… 18
로봇 …………………………… 10, 11
림프 계통 ………………………… 28

ㅁ
만년빙 …………………………… 21
매머드 …………………………… 18
메이클 …………………………… 15
무중력 …………………………… 11
무한궤도차 ……………………… 20
미세 중력 ………………………… 10

ㅂ
바람축 …………………………… 14
바이킹 …………………………… 17
 - 배 ………………………… 17
방아꾼 ………………………… 14, 15
방음 스튜디오 ………………… 22, 23
베네치아 ……………………… 24, 25
보일러 ………………………… 6, 7, 27
부디카 여왕 ……………………… 18
비커인 …………………………… 18
빅뱅 ☞ 대폭발
뼈 …………………………… 28, 29

ㅅ
산마르코 대성당 ………………… 25
산마르코 피아차 ………………… 24
산업 혁명 ………………………… 17
삼엽충 …………………………… 19
선외 활동 ………………………… 11
선캄브리아 시대 ………………… 19
소방관 ………………… 8, 9, 13, 17
소방선 …………………………… 8
소화 계통 ………………………… 29
수압
 - 승강대 …………………… 9
 - 장치 ………………………… 27
수화물(공항) …………………… 13
스콧 ……………………………… 20
스턴트맨 ………………………… 23
신석기 …………………………… 18
심장 ……………………………… 28

ㅇ
아나사지족 ……………………… 31
아문센 …………………………… 20
아문센-스콧 남극 연구소 …… 20, 21
아파토사우루스 ………………… 18
알로사우루스 …………………… 18
애니메트로닉스 ………………… 22
양서류 …………………………… 19
얼음 층 ………………………… 20, 21
에이프런(공항) ………………… 13
엔진
 - 비행기 …………………… 13
 - 증기 견인차 ……………… 6~7
엘리베이터 ……………………… 16
 - 수직 통로 ………………… 8
연결 송수구 …………………… 8
영화 촬영장 ………………… 22, 23

영화 편집 ………………………… 22
오존 구멍 ………………………… 20
오줌 …………………………… 11, 29
오티스 …………………………… 16
우주 망원경 ……………………… 11
우주 멀미 ………………………… 11
우주 비행기 ……………………… 10
우주 쓰레기 ……………………… 10
우주 유영 ………………………… 11
우주 정거장 ………………… 10, 11
운하 …………………………… 17, 24, 25
원격 조종 팔 …………………… 10
위 ………………………………… 29
유니버설 시티 …………………… 23
의상(영화 촬영장) ……………… 22, 23
인공위성 붙잡기 ………………… 10
인체 …………………………… 28, 29

ㅈ
자동 살수 장치 ………………… 8
작은 날개 ………………………… 15
제동 바퀴(풍차) ……………… 14, 15
제2차 세계 대전 ……………… 16, 27
조정기 …………………………… 6
종교 재판관 ……………………… 25
주차장
 - 공항 ………………………… 12
 - 도시 ………………………… 16
쥐라기 숲 ………………………… 18
증기 견인차 ……………………… 6, 7
증기력 ………………………… 6, 27
지구
 - 최초의 생물 ……………… 19
 - 형성 ………………………… 19
지오데식 돔 ……………………… 21
지진 관측소 ……………………… 21
지하철 …………………………… 16
지하철망 ………………………… 16

ㅊ
천문학자 ……………………… 20, 21
체카(조폐국) …………………… 24
총독(베네치아) ………………… 24, 25
촬영반 …………………………… 23

ㅋ
캄브리아기 ……………………… 19
캄파닐레 ………………………… 24
콜로라도 강 …………………… 30, 31

ㅌ
타워 브리지 …………………… 26, 27
탄광 ……………………………… 17
탑승 수속(공항) ………………… 12

태양 집광기 ……………………… 10
태양계 …………………………… 19

ㅍ
파인우드 스튜디오 ……………… 23
팔꿈치 …………………………… 28
팔라디오 ………………………… 25
페스트 …………………………… 17
편집실 …………………………… 22
폐 ………………………………… 28
폐어 ……………………………… 19
폭탄 …………………………… 16, 27
풍차 방앗간 …………………… 14, 15
플라이스토세 …………………… 18
피 ………………………………… 28
피부 ……………………………… 29
피프스 …………………………… 17

ㅎ
하품 ……………………………… 28
한숨 다리 ………………………… 25
항공 교통 관제 ………………… 12
허파 ……………………………… 28
호스(소방) …………………… 8, 9
홍적세 …………………………… 18
화산 ……………………………… 19
화석 ……………………………… 16
화재 ………………………… 8, 9, 17
활주로 ………………………… 12, 13

ACKNOWLEDGEMENTS

Dorling Kindersley would like to thank the following people who helped in the preparation of this book:

Lynn Bresler for the index
Constance Novis for editorial support
Bohdan Paraschak for research

B.A.A. plc, Heathrow
Jack Fryer and the Cranbook windmill Association
Kent Fire Safety Division
Shelter, The National Campaign for Homeless People
Shepperton Studios for access to sound stages and workshops

Special thanks to:
Lt. Katherine A. McNitt, Station Chief, National Oceanographic and Atmospheric Administration,
Amundsen-Scott South Pole Station

그림 스티븐 비스티
영국의 대표적인 역사·과학 그림책 작가로 잘 알려져 있다.
일러스트레이션을 공부했고, 역사적이고 건축학적인 단면 그림을 전공했다.
1985년에 전문 일러스트레이터가 되었고, 어른과 어린이들이 함께 볼 수 있는 여러 가지 책을 펴냈다.
그린 책으로는 《크로스 섹션》, 《놀라운 크로스 섹션》, 《인체 크로스 섹션》, 《로마》, 《그리스》 등이 있다.

글 리처드 플라트
1980년부터 작가, 편집인, 사진작가로 일해 왔으며, 지금은 어린이를 위한 다양한 책을 쓰고 있다.
여러 작품 중 《해적 일기》는 케이트 그린어웨이상, 스마티즈상, 그리고 블루피터 어린이 도서상에서
'최고 이론서 상'을 수상했다. 지은 책으로는 《크로스 섹션》, 《놀라운 크로스 섹션》, 《인체 크로스 섹션》,
《폼페이의 발견》, 《베이징》, 《카이사르》, 〈아찔한 세계사 박물관〉 시리즈 등이 있다.

옮김 권루시안
편집자이자 전문 번역가. 다비드 에버하르드의 《아이들은 어떻게 권력을 잡았나》, 리사 H. 뉴턴 등이 엮은 《당신의 선택은? 기업윤리》,
이반 일리치의 《과거의 거울에 비추어》, 메리 로치의 《인체재활용》, 이반 일리치·데이비드 케일리의 《이반 일리치와 나눈 대화》,
앨런 라이트맨의 《아인슈타인의 꿈》, 아가트 아베르만스의 《식물 스케치 노트》 등 다양한 분야의 다양한 책을 독자들에게
아름답고 정확한 번역으로 소개하려 노력하고 있다.
www.ultrakasa.com

인쇄 • 2017년 4월 11일 **발행** • 2017년 4월 18일 **그림** • 스티븐 비스티 **글** • 리처드 플라트 **옮김** • 권루시안 **발행인** • 허진 **발행처** • 진선출판사(주)
편집 • 이미선, 최윤선, 권민성 **디자인** • 고은정 **총무 / 마케팅** • 유재수, 라미영, 김사룡
주소 • 서울시 종로구 삼청로 59 (팔판동) **대표전화** (02)720-5990 **팩시밀리** (02)739-2129 **홈페이지** www.jinsun.co.kr
등록 • 1975년 9월 3일 10-92 ※책값은 뒤표지에 있습니다. ISBN 978-89-7221-976-7 74000 ISBN 978-89-7221-966-8 (세트)
ⓒ 진선출판사(주), 2017

진선**아이**는 진선출판사의 어린이책 브랜드입니다.
마음과 생각을 키워 주는 책으로 어린이들의 건강한 성장을 돕겠습니다.